元監督署長が解説 これならわかる

自動車運転者の改善基準Q&A 改訂第2版

元労働基準監督署長
労働衛生コンサルタント
村木宏吉 著

労働新聞社

はじめに

　「働き方改革」による労働基準法等の改正は、令和元年（2019年）に行われました。その際、医師、建設業と運送業については5年間の猶予が設けられました。令和6年（2024年）4月1日に猶予措置が切れるのを控え、令和4年（2022年）12月に厚生労働省告示第367号により「自動車運転者の労働時間等の改善のための基準（略称「改善基準」）」が改正され、令和6年4月1日から施行されることとなりました。

　改善基準は、国土交通省もその内容を重視しており、国土交通省告示で引用していることと、それに沿って行政処分を行うこととしておりますから、改善基準の正確な理解は重要です。

　今回の改正では、国土交通省も運輸労働者の賃金が他業種より低いことと、残業時間が多いことを問題視しており、厚生労働省とともにその改善に取り組むとしております。また、「予期し得ない事象への対応」に関する事項を追加しており、より現実に即した内容となっています。

　本書では、改正後の改善基準の内容を解説するとともに、労働基準法令と厚生労働省の行政通達などその根拠を明確にし、改善基準の適用の例外についても説明することとしております。加えて、働き方改革による複数の法令改正の内容のうち重要部分についても解説します。

　改善基準の適用範囲は、4輪以上の自動車の運転を主たる業務とする労働者です。このため、運送業のほか、配送その他の業務に自家用車を使用する各企業において労働時間管理を担当する方を、本書の主たる読者と考えております。また、社会保険労務士をはじめとする士業の方々にも、職場の実態を踏まえて解説することにより、それらの方々が顧問先企業に適切な助言指導を行うための手がかりとしてご利用いただけるように考慮しております。

　他産業に比べて労働条件が厳しいとされる運送業ですが、運輸労働者の賃金水準等の底上げと労働時間管理を始めとする適切な労働条件確保によって、交通労働災害の一層の減少とさらなる人材確保を進め、物流と人流の重要な担い手である運送業としての役割を果たされますことを願ってやみません。

　令和5年7月

　　　　　　　　　　　　　　　　　　　　　　　　　　　　著　者

目　次

第Ⅰ章

働き方改革と労働時間

※以下では、令和5年4月1日施行の労働基準法を「新労基法」といいます。

概　説

　「自動車運転者の労働時間等の改善のための基準」（平元労働省告示第 7号。最終改正令 4 厚生労働省告示第 367 号）（以下「改善基準」といいます）は、自動車運転者の労働時間等に関して一定の規制をすることにより、過労運転による交通事故等と、長時間労働に起因する過労死等の発生を予防しようとするものです。

　本章では、「働き方改革」の目的と改正労働基準法における労働時間、休日と休憩に関し、基本的な事項を説明します。

第 1 節　働き方改革と改正された改善基準

Q 1
働き方改革による改善基準改正の趣旨はどのようなものですか？

A　自動車運転者の労働時間等の法規制を、労災保険における過労死等の基準を超えないようにするものです。

　令和元年（2019 年）に施行された改正労働基準法は、働き方改革を旗印として改正されましたが、その背景には、労災保険における過労死等（長時間労働に起因して発症した脳血管疾患、虚血性心疾患）の認定基準（最終改正：令 3.9.14 基発 0914 第 1 号）を上回る長時間労働が認められているのはおかしいのではないか、法律で上限規制をすべきであるとの問題提起から実現されたものです。

　しかしながら、次の 3 つの業務については、様々な状況から直ちに上限規制を適用することが困難な実状を踏まえ、令和 6 年（2024 年）4月 1 日からの適用とする猶予措置が設けられました。

1　工作物の建設等の事業（新労基法第 139 条および新労基則第 69条第 1 項関係）

2　自動車の運転の業務（新労基法第 140 条および新労基則第 69 条

第2項関係）

3　医業に従事する医師（新労基法第141条関係）

　2に関しては、令和4年（2022年）12月に厚生労働省告示第367号により改善基準が新労基法の内容に合わせて改正され、令和6年（2024年）4月1日から施行されるものです。

　なお、この改正の元となった「改善基準告示の見直しについて」は、厚生労働省の調査結果を踏まえたものであり、自動車運転者は労災保険における過労死等の認定件数が業種別（交通運輸業として）で第一位であり、賃金水準が他業種より低いことが指摘されています。国土交通省のホームページでもこの調査結果が引用されています。

Q 2
個人タクシーなどの個人事業主には、改善基準は適用がないのでしょうか？

A　適用があります。

　労働基準法は、個人事業主である個人タクシーや軽トラックなどを用いる個人の運送事業主には適用がありません。労働基準法上の労働者ではないからです。

　しかしながら、国土交通省所管の道路運送法と貨物自動車運送事業法等の関連法令に基づき、旅客自動車運送事業者および貨物自動車運送事業者は、運転者の過労防止等の観点から、国土交通大臣が告示で定める基準に従って、運転者の勤務時間および乗務時間を定め、当該運転者にこれらを遵守させなければならない旨の規定が設けられています。その基準として、改善基準告示が引用されています。当該規定は、個人事業主等である運転者にも適用され、実質的に改善基準告示の遵守が求められていますから、これらの事業者等の関係者は、このことに留意しなければなりません（令4.12.23基発1223第3号）。

Q 3

法律上、労働時間の基準は、どのようになっているのでしょうか?

A 運輸交通業の場合、1週40時間、1日8時間が労働基準法に定める労働時間です（労働基準法第32条）。これは、時間外労働（残業）として扱わなくてよい労働時間の限度という意味です。

なお、一定の期間を平均してこの基準に収まるように勤務割を定めるものを変形労働時間制といい、運輸交通業では、1カ月単位の変形労働時間制（同法第32条の2）または1年単位の変形労働時間制（同法第32条の4）が多く採用されています。

Q 4

法律上、休日についての基準は、どのようになっているのでしょうか?

A 毎週1日以上の休日が必要です。または、4週間に4日以上の休日が必要です。

労働基準法第35条第1項では、休日について「使用者は、労働者に対して、毎週少くとも1回の休日を与えなければならない。」と定めています。

また、同条第2項では、「前項の規定は、4週間を通じ4日以上の休日を与える使用者については適用しない。」と定めています。

労働時間は1週40時間、1日8時間が限度ですから、1日の所定労働時間が8時間であれば、1週間に5日までの勤務で40時間になり、実質的に週休2日制となります。

そこで問題となるのは、労働基準法で定める休日（法定休日）は、残り2日のうちどちらかということです。というのは、週1日の法定休日に出勤させた場合は割増賃金は3割5分以上ですが、もう一方の休日の

出勤は時間外労働（週40時間を超えるから）であるため2割5分以上の割増賃金でよいからです。

　週休2日制の場合には、労働基準法上与えなければならない週1日の休日を「法定休日」といいます。運輸交通業では、工場勤務者やサラリーマンと違い、曜日を固定しての休日は現実的ではありません。

　そのため、法定休日をあらかじめ勤務割表で指定しておく必要があります。その上で、勤務割表に示した休日のうち、4週4日の法定休日に出勤した場合には割増賃金を3割5分以上とし、それ以外の休日に出勤した場合には2割5分以上の割増率とすることになります。

Q5

残業や休日労働をさせる場合には、何か手続のようなものが必要なのでしょうか？

A　「時間外労働及び休日労働に関する協定」を労使で締結し、これを所轄労働基準監督署長に届け出る必要があります（労働基準法第36条、同法施行規則第17条）。

　この様式として「時間外労働及び休日労働に関する協定届」（労基則様式第9号、第9号の2）が定められています。この労使協定の内容の限度において、時間外労働および休日労働を行う（会社からみれば行わせる）ことができます。

　「改善基準」では、この様式にモデル協定に従った協定そのものを添付して届出をするように指導されています。記載例等は、第Ⅱ章以下で述べます。

　なお、この協定届の限度を超えて時間外労働または休日労働を行わせると、労働基準法違反となり処罰されることがあります。

Q6

時間外労働と休日労働には、限度があるのでしょうか？

A あります。運輸交通業以外の業種と運転職以外の労働者については、新労基法第36条第4項以下が適用され、その限度で協定を締結して届け出ることとされています。

しかし、自動車運転者については、この限度基準は適用されず、新労基法第140条と「改善基準」に定める内容で協定を締結し、届け出ることとなります。

「改善基準」は、トラック、バス、タクシーとハイヤーに区分されています。具体的内容は、第Ⅱ章以下で解説します。

Q7

運行管理者や車両の整備に従事する労働者、あるいは営業社員等に適用される「限度基準」は、どのようになっていますか？

A 1年単位の変形労働時間制を採用している場合と採用していない場合とで区分され、次の表のようになっています（新労基法第36条第4項以下）。

時間外労働をさせる事由		時間外労働の上限
原則	時間外労働（休日労働は含まず）の上限	月45時間、年360時間
例外	臨時的な特別の事情があって労使が合意する場合	・年720時間（月45時間を超えることができるのは、年6カ月まで） ・時間外労働＋休日労働は、月100時間未満、2～6カ月平均80時間以内

運輸交通業に従事する労働者のうち、自動車運転者ではない労働者（事務員、営業社員、運行管理者、自動車整備工等）については、この基準

に基づいて時間外労働および休日労働に関する協定を締結し、所轄労働基準監督署長に届け出なければなりません。

　なお、自動車運転者に関する協定届とまとめて作成することが可能です。

＜36協定の締結に当たって注意すべきポイント＞

1　「1日」「1カ月」「1年」について、時間外労働の限度を定めてください。
- 従来の36協定では、延長することができる期間は、「1日」「1日を超える一定の期間」「1年」とされていましたが、今回の改正で、「1カ月」「1年」の時間外労働に上限が設けられたことから、上限規制の適用後は、「1日」「1カ月」「1年」のそれぞれの時間外労働の限度を定める必要があります。

2　協定期間の「起算日」を定める必要があります。
- 1年の上限について算定するために、協定期間の「起算日」を定める必要があります。

3　時間外労働と休日労働の合計について、月100時間未満、2〜6カ月平均80時間以内とすることを協定する必要があります。
- 36協定では、「1日」「1カ月」「1年」の時間外労働の上限時間を定めます。しかし、今回の法改正では、この上限時間内で労働させた場合であっても、実際の時間外労働と休日労働の合計が、月100時間以上または2〜6カ月平均80時間超となった場合には、法違反となります。

　このため、時間外労働と休日労働の合計を月100時間未満、2〜6カ月平均80時間以内とすることを、協定する必要があります。36協定届の新しい様式では、この点について労使で合意したことを確認するためのチェックボックスが設けられています。

4　限度時間を超えて労働させることができるのは、「臨時的な特別の事情がある場合」に限ります。
- 限度時間（月45時間・年360時間）を超える時間外労働を行わせることができるのは、通常予見することのできない業務量の大幅な増加など、臨時的な特別の事情がある場合に限ります。
- 臨時的に限度時間を超えて労働させる必要がある場合の事由については、できる限り具体的に定めなければなりません。「業務の都合上必要な場合」「業務上やむを得ない場合」など、恒常的な長時間労働を招くおそれがあるものは認められません。
　（臨時的に必要がある場合の例）
　　◉予算、決算業務　◉ボーナス商戦に伴う業務の繁忙　◉納期のひっ迫
　　◉大規模なクレームへの対応　◉機械のトラブルへの対応

- 36協定の締結を行う労働者の代表は、労働者（パートやアルバイト等も含む）の過半数で組織する労働組合がない場合には、労働者の過半数を代表する者（過半数代表者）が行う必要があります。
- 過半数代表者の選任に当たっては、以下の点に留意する必要があります。
  - □　管理監督者でないこと
  - □　36協定締結をする者を選出することを明らかにした上で、投票、挙手等の方法で選出すること
  - □　使用者の意向に基づいて選出された者でないこと※
    ※会社による指名や、社員親睦会の代表が自動的に選出されること等は不適切な選出となります。
- さらに、使用者は過半数代表者が協定締結に関する事務を円滑に遂行することができるよう、必要な配慮※を行わなければなりません。
    ※事務機器（イントラネットや社内メールも含む）や事務スペースの提供等

Q 8

時間外労働や休日労働が多いと、どのような問題が起きるのでしょうか？

A　過労運転（居眠り運転、注意力散漫による追突、信号や標識の見落とし等）による交通事故と、過重労働による健康障害が発生します。また、精神疾患にかかることも知られています。

交通事故は、過労による居眠り運転等の不注意で発生します。無免許運転、居眠り運転と酒気帯び運転を交通3悪と呼んでいますが、会社側の管理によりこれらを防ぐことが求められています。

過労運転による交通事故として、近年では、平成24年の関越自動車道での高速ツアーバスの事故や、平成26年3月の北陸道での高速バス事故が注目を集めました。「改善基準」は、元々過労運転防止の目的で制定されています。

Q9
過重労働による健康障害とは、どのようなものでしょうか？

A 過重労働による健康障害は、いわゆる過労死等です。脳血管疾患（脳出血等）や虚血性心疾患（心筋梗塞等）を発症した場合であって、直近1カ月間の時間外労働等（週40時間を超えた時間）が100時間を超えていれば、仕事が主たる原因であるとして労災保険において業務上災害と認定されます。また、100時間を超えていない場合であっても、直近2カ月から6カ月を平均して月80時間を超えていれば、同様に認定されます。これらの基準を下回る場合でも労働時間以外の負荷要因を総合的に評価するとされています（令3.9.14基発0914第1号）。

また、令和2年5月に改正された「精神障害の労災認定基準」（令2.5.29基発0529第1号）では、月160時間を超える時間外労働等は、精神疾患発症に関する強い要因として取り扱うこととされています。

「改善基準」は、交通事故（交通労働災害）の防止のみならず、これらの職業性疾病の防止についても、その目的としているものです。

なお、過重労働による健康障害とその予防対策については、第Ⅱ章第3節（85ページ）を参照してください。

Q 10

タクシーが駅や車庫で客待ちをしている時間や、トラックが荷卸先の工場や倉庫で順番待ちをしている時間は、労働時間になるのでしょうか？

A いずれも労働基準法上の労働時間になります。

労働時間には、自動車を運転するなど現実に労働者が身体を動かしている時間と、客先で荷卸しや積込みの順番待ちをしている時間あるいは店員が商店等でお客さんが来るのを待っている時間等があります。前者を実作業時間、後者を手待ち時間といい、いずれも労働時間に該当します。

労働基準法は、「労働時間」を規制しています。これに対し、「改善基準」は「拘束時間」を規制しています。

拘束時間とは、始業時刻から終業時刻までの時間をいい、休憩時間を含みます。休憩時間を除く労働時間には、実際に労働者が肉体を行使している実作業時間と、客が来るのを待ち、あるいは荷卸しや積込みの順番を待っている手待ち時間が含まれます。

＜拘束時間・休息期間＞

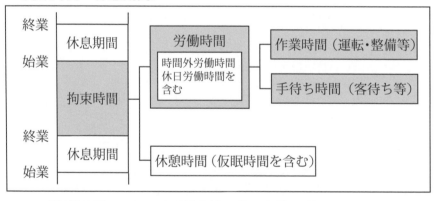

※「労働時間」には、時間外労働や休日労働の時間が含まれます。

Q 11

自動車運転者の労働時間を考えるとき、運転時間のほかにどのような点に注意すべきでしょうか？

A 運転時間以外の労働時間があることに注意する必要があります。運転時間を業界ではハンドル時間といいます。ハンドル時間とは、売上げに直結する時間であり、それ以外の時間より重視されています。

しかし、労働基準法では、使用者の指揮命令下にある時間を労働時間としており、労働時間を考える上ではハンドル時間以外の時間を考慮しなければなりません。

例としてタクシーをあげれば、出庫前に点呼があります。点呼では、会社によって違いはありますが、ラジオ体操、会社から預かるおつりの確認、日報における各数字（担当自動車の総走行距離、営業回数等）の確認、担当自動車の始業点検等の時間があります。また、帰庫時には、洗車（タクシーは毎日洗車します。その代わりワックスがけはしません）、売り上げ金額（現金、クレジットカード払いやタクシーチケットの別を含む）、営業回数等運転日報と料金メーターの各数字の確認等の作業があります。

そして、これらはいずれも労働基準法に定める労働時間に該当します。会社によって異なりますが、これらの時間は合計すると30分を超えることが少なくありません。仕事の遅い人が得することがないように、労使協定で一定の時間を基本として定めておくことがよいでしょう。

トラックやバスも同様に、運転時間以外の労働時間がありますから、それらを正確に把握する必要があります。

Q 12

拘束時間の限度と休憩時間の設定は、どのように考えればよいの
でしょうか？

A 拘束時間が同じであれば、休憩時間を減らしたほうが労働時間
が長くなり効率的ですが、労働者の疲労度との兼ね合いを考え
て、適度な休憩をとらせるべきでしょう。

手待ち時間は、労働基準法上の労働時間ですが、売上げにあまり寄与
しないため、企業側の一部には賃金を支払いたくないとの意向があるこ
とと、休憩時間と同様に扱いたいとの要求があります。

しかし、手待ち時間は労働基準法上は労働時間であり、拘束時間に含
まれることは議論の余地がありません。とすれば、なるべく休憩時間を
労働基準法ぎりぎりの水準に留めておけば、同じ拘束時間でも労働時間
が増えることとなります。

これに対し、賃金を支払う必要のない「休憩時間」は、労働基準法で
は1日の実働が6時間を超えると45分以上、8時間を超えると60分
以上を労働時間の途中で与えなければならない（労働基準法第34条）
とされています。ということは、1日だけでみると、

　　　24時間－8時間－1時間＝15時間

まで時間外労働を行わせる余地があることになります。

しかし、これでは食事も満足にできないでしょうし、睡眠時間があり
ません。連日行わせることは不可能です。

また、長時間労働の疲労は、後日に繰り越される可能性が高いもので
す。現に、労災保険における脳・心臓疾患の認定に当たっては、過去6
カ月を見ることとされています。「改善基準」では、1カ月の拘束時間
の総枠を規制することにより、過労運転による交通事故防止を行ってい
るものです。

そこで、労使間の話し合いにより、妥当な休憩時間を設定することが
効率的な労働を生むために必要と考えられます。たとえば、隔日勤務の
タクシー運転手の場合、1勤務16時間の労働時間で休憩を2時間とし
て、拘束時間を18時間とするのが一般的です。これに時間外労働が加
わることになります。

第2節　変形労働時間制とは

　毎日の勤務を8時間以内とし、毎週の勤務を40時間以内とするということは、運輸交通業では難しい場合が多いのが実態です。

　そこで、一定の期間を平均すれば、その要件を満たすという制度が必要となります。これが変形労働時間制です。

　本節では、変形労働時間制の種類と、その要件について説明します。

Q 13

「変形労働時間制」とは、どのような制度でしょうか？

A　一定の期間を平均すれば労働基準法に定める労働時間の基準に収まる勤務体制の場合、同法に定める手続をとれば、1週40時間、1日8時間を超えるときがあっても、時間外労働として取り扱わなくてよいとする制度です。

　運輸交通業界では、労働者全員を1日8時間の勤務とすることは困難な場合が多いので、次のいずれかの変形労働時間制をとるのが普通です。

1　1カ月単位の変形労働時間制

　これは、労働時間を平均する期間を最長で1カ月とするものをいいます。その期間は、1カ月でも4週間でも10日間でもかまいません。この期間を変形期間といいます。

　変形期間を1カ月とした場合には、日数が変化しますので、その1カ月間の労働時間数の限度は、次の計算式により下表のようになります。

$$労働させることができる時間の上限 = 40時間 \times \frac{暦日数}{7}$$

40時間は1週の法定労働時間であり、7は1週間の暦日数です。

1カ月の暦日数	労働させることができる時間の上限
31日	177.1時間
30日	171.4時間
29日	165.7時間
28日	160.0時間

したがって、変形労働時間制による勤務予定表を作る場合には、この限度時間を考慮して出勤日数を設定する必要があります。たとえば、タクシーの隔日勤務で、1勤務の休憩時間を除く実労働時間が16時間であれば、大の月（31日）は11乗務が上限となります。

　16時間×11乗務＝176時間だからです。

　なお、この場合、1カ月の総枠である177.1時間まㇾにはあと1.1時間ありますから、総枠をフルに活用したい場合には、たとえば11乗務目の労働時間を16時間ではなく17.1時間と定めることも可能であるかのように読めます。しかし、労働基準法施行規則第66条において、隔日勤務のタクシー運転者については、当分の間、1年単位の変形労働時間制における1日の労働時間の限度は、16時間とされていますので、そのような扱いはできません。1カ月単位の変形労働時間制の場合は可能です。

　1カ月31日の月が11乗務であり、28日の場合が10乗務（16時間×10乗務＝160時間。28日の月は、40時間×28日÷7日＝160時間）ですから、30日と29日の月の乗務数はその中間となります。

2　1年単位の変形労働時間制

　変形期間が1カ月を超えるものが1年単位の変形労働時間制です。季節的に業務の繁閑があるような業種では、繁閑の時期により、1週間あるいは1日の労働時間を変えることができるので、そのような業種では利用価値があります。

　また、あらかじめ向こう1年間の出勤日を決めておくという、いわゆる年間カレンダー方式を採用する場合にも、この制度が利用できます。

　1年単位の変形労働時間制における年間の労働時間の総枠は、1の場合と同様に計算すると、365日の年で2085.71時間となります。

Q 14

前問の変形制のほかに、変形労働時間制はないのでしょうか？

A フレックスタイム制（労基法第32条の3）と1週間単位の非定型的変形労働時間制（同法第32条の5）があります。

フレックスタイム制は、運輸交通業には採用が難しいと思われます。なぜなら、出勤時刻と退勤時刻を労働者本人に委ねる制度なので、会社が指示することができないからです。

1週間単位の非定型的変形労働時間制は、業種が限定されており、運輸交通業は対象外です。

Q 15

変形労働時間制を採用するには、どのようにすればよいのでしょうか？

A 1カ月単位の変形労働時間制と1年単位の変形労働時間制とでそれぞれ要件が異なります。

1　1カ月単位の変形労働時間制

これは、「1箇月単位の変形労働時間制に関する協定届」を所轄労働基準監督署に届け出るか、就業規則その他これに準ずるものに1カ月単位の変形労働時間制に関する定めをすることが必要です。

「その他これに準ずるもの」とは、常時使用する労働者数が10人未満の事業場における就業規則のことです。

なお、常時使用する労働者数が10人以上の事業場では、就業規則を作成または変更したときは、所轄労働基準監督署長に届け出なければなりません（労働基準法第89条）。このため、どちらの方式であっても労働基準監督署への届出は必要となります。

様式第3号の2(第12条の2の2関係)

1箇月単位の変形労働時間制に関する協定届

事業の種類	事業の名称	事業の所在地(電話番号)	常時使用する労働者数

業務の種類	該当労働者数(満18歳未満の者)	変形期間(起算日)	変形期間中の各日及び各週の労働時間並びに所定休日	協定の有効期間

労働時間が最も長い日の労働時間数(満18歳未満の者)	時間 分 ( )	労働時間が最も長い週の労働時間数(満18歳未満の者)	時間 分 ( )

協定の成立年月日 年 月 日

協定の当事者である労働組合(事業場の労働者の過半数で組織する労働組合)の名称又は労働者の過半数を代表する者の 職名
氏名 ( )

協定の当事者(労働者の過半数を代表する者の場合)の選出方法( )

上記協定の当事者である労働組合が事業場の全ての労働者の過半数で組織する労働組合である又は上記協定の当事者である労働者の過半数を代表する者が事業場の全ての労働者の過半数を代表する者であること。□
(チェックボックスに要チェック)

上記労働者の過半数を代表する者が、労働基準法第41条第2号に規定する監督又は管理の地位にある者でなく、かつ、同法に規定する協定等をする者を選出することを明らかにして実施される投票、挙手等の方法による手続により選出された者であつて使用者の意向に基づき選出されたものでないこと。□
(チェックボックスに要チェック)

年 月 日

職名
使用者 氏名

労働基準監督署長殿

記載心得

1 労働基準法第60条第3項第2号の規定に基づき満18歳未満の者に変形労働時間制を適用する場合には、「該当労働者数」、「労働時間が最も長い日の労働時間数」及び「労働時間が最も長い週の労働時間数」の各欄に括弧書きをすること。
2 「変形期間」の欄には、当該変形労働時間制における通算の期間の単位を記入し、その起算日を記入すること。
3 「変形期間中の各日及び各週の労働時間並びに所定休日」の欄に当該期間通算の期間を記入しきれない場合には、別紙に記載して添付すること。
4 協定については、労働者の過半数で組織する労働組合がある場合はその労働組合と、労働者の過半数で組織する労働組合がない場合は労働者の過半数を代表する者と協定すること。なお、労働者の過半数を代表する者は、労働基準法施行規則第6条の2第1項の規定により、同法第41条第2号に規定する監督又は管理の地位にある者でなく、かつ、同法に規定する協定等をする者を選出することを明らかにして実施される投票、挙手等の方法による手続により選出された者であつて、使用者の意向に基づき選出されたものでないこと。これらの要件を満たさない場合には、有効な協定とはならないことに留意すること。また、これらの要件を満たしていても、協定の締結をする者を選出することを明らかにして実施される投票、挙手等の方法による手続により選出された者であること。
5 本様式をもつて協定とする場合においても、協定の当事者たる労使双方の合意があることが、協定上明らかとなるような方法により締結するよう留意すること。

（1箇月単位の変形労働時間制）

労働基準法第 32 条の 2

① 　使用者は、当該事業場に、労働者の過半数で組織する労働組合がある場合においてはその労働組合、労働者の過半数で組織する労働組合がない場合においては労働者の過半数を代表する者との書面による協定により、又は就業規則その他これに準ずるものにより、1 箇月以内の一定の期間を平均し 1 週間当たりの労働時間が前条第 1 項の労働時間を超えない定めをしたときは、同条の規定にかかわらず、その定めにより、特定された週において同項の労働時間又は特定された日において同条第 2 項の労働時間を超えて、労働させることができる。

② 　使用者は、厚生労働省令で定めるところにより、前項の協定を行政官庁に届け出なければならない。

2 　1 年単位の変形労働時間制

　これは、「1 年単位の変形労働時間制に関する協定届」を所轄労働基準監督署に届け出ることにより採用することができます。

　この協定では、次の事項を書面で定める必要があります（同法第 32 条の 4 第 1 項、同法施行規則第 12 条の 4 第 2 項）。

（1）　1 年単位の変形労働時間制の対象となる労働者の範囲

（2）　対象期間

　　これは、労働時間を平均する期間をいい、1 カ月を超え、1 年以内の期間をいいます。

（3）　特定期間

　　対象期間中、特に業務が繁忙な期間をいいます。1 日 10 時間、1 週 52 時間までの所定労働時間を設定することができます（労働基準法施行規則第 12 条の 4 第 4 項）。ただし、対象期間が 3 カ月を超えるときは、次の 2 つの要件を満たしていなければなりません（同項）。

ア　対象期間において、その労働時間が 48 時間を超える週が連続する場合の週数が 3 以下であること。

　　つまり、業務繁忙の場合であっても、週 48 時間を超えるのは、

様式第4号（第12条の4第6項関係）

1年単位の変形労働時間制に関する協定届

事業の種類	事業の名称	事業の所在地（電話番号）	常時使用する労働者数
		（　　　　）	人

該当労働者数（満18歳未満の者）	対象期間及び特定期間（起算日）	対象期間中の各日及び各週の労働日及び各週の所定休日	対象期間中の1週間の平均労働時間数	対象期間中の総労働日数	協定の有効期間
人	時間　　分		時間　　分		
	時間　　分	（別紙）		日	日

労働時間の最も長い日の労働時間数（満18歳未満の者）	労働時間が最も長い週の労働時間数（満18歳未満の者）	対象期間中の最も長い連続労働日数	対象期間中の1週間の平均労働時間数	
時間　　分	週　　　　時間	週	時間	
		特定期間中の最も長い連続労働日数		
連続週数		日間		
対象期間中の労働時間が48時間を超える週数		日間		

労働時間が48時間を超える週の連続週数		

旧協定の労働時間が最も長い日の労働時間数	旧協定の対象期間中の総労働日数
時間　　　分	時間　　　分
	日

協定の成立年月日　　　　年　　　月　　　日

協定の当事者である労働組合（事業場の労働者の過半数で組織する労働組合）の名称又は労働者の過半数を代表する者の　職名
氏名

協定の当事者（労働者の過半数を代表する者の場合）の選出方法（　　　　　　　　　　）

上記協定の当事者である労働組合が事業場の全ての労働者の過半数で組織する労働組合である場合又は上記協定の当事者である労働者の過半数を代表する者が事業場の全ての労働者の過半数を代表する者であること。□（チェックボックスに要チェック）

上記労働者の過半数を代表する者が、労働基準法第41条第2号に規定する監督又は管理の地位にある者でなく、かつ、同法に規定する協定等をする者を選出することを明らかにして実施される投票、挙手等の方法による手続により選出された者であって使用者の意向に基づき選出されたものでないこと。□（チェックボックスに要チェック）

　　　　年　　　月　　　日

使用者　職名
氏名

　　　　　　　　　　労働基準監督署長殿

記載心得
1　労働基準法施行規則第3項第2号の規定に基づき満18歳未満の者に変形労働時間制を運用する場合には、「該当労働者数」欄に当該労働者数を、「労働時間数」欄に最も長い日の労働時間数及び最も長い週の労働時間数を記入すること。
2　「対象期間及び特定期間」の欄のうち、対象期間については当該変形労働時間制における対象期間の期間の単位を記入し、その起算日を記入すること。
3　「対象期間中の各日及び各週の労働日及び各週の所定休日」については、別紙に記載して添付すること。
4　「旧協定」とは、労働基準法施行規則第12条の4第3項に規定するものをいうこと。
5　協定については、労働者の過半数で組織する労働組合がある場合はその労働組合、労働者の過半数で組織する労働組合がない場合は労働者の過半数を代表する者と協定すること。なお、労働者の過半数を代表する者は、労働基準法第41条第2号に規定する監督又は管理の地位にある者でなく、かつ、同法に規定する協定等をする者を選出することを明らかにして実施される投票、挙手等の方法による手続により選出された者であって、使用者の意向に基づき選出されたものでないこと。また、これらの要件を満たしていても、当該要件に係るチェックボックスにチェックがない場合には、届出の形式上の要件に適合していないことに留意すること。
6　本様式をもって協定とする場合においても、協定の当事者たる労使双方の合意があることが、協定上明らかとなるような方法により締結するよう留意すること。

連続して3回までとしなければなりません。

イ　対象期間をその初日から3カ月ごとに区分した各期間（3カ月未満の期間を生じたときは、当該期間）において、その労働時間が48時間を超える週の初日の数が3以下であること。

つまり、業務繁忙期間中（最長3カ月）の間に、48時間を超える週は3回までででなければなりません。

(4) 各期間における労働日及び当該労働日ごとの労働時間

あらかじめ、対象期間中における各人ごとの勤務割表を作成し、その初日の30日前までに各人に通知をしなければなりません。

この場合において、対象期間が3カ月を超える場合には、1年当たり280日が限度です（同法施行規則第12条の4第3項）。

なお、出勤態様を、たとえばあらかじめ早番、中番、遅番、泊勤などと定め、それぞれの出勤、退勤時刻が固定されているのであれば、その出勤態様の表示でも差し支えありません。

(5) その他厚生労働省令で定める事項

これは、有効期間の定めです（同法施行規則第12条の4第1項）。基本的には1年以内ですが、最長3年程度以内のものであれば受理されます（平6.1.4基発第1号、平11.3.31基発第168号）。

（1年単位の変形労働時間制）

労働基準法第32条の4

① 使用者は、当該事業場に、労働者の過半数で組織する労働組合がある場合においてはその労働組合、労働者の過半数で組織する労働組合がない場合においては労働者の過半数を代表する者との書面による協定により、次に掲げる事項を定めたときは、第32条の規定にかかわらず、その協定で第2号の対象期間として定められた期間を平均し1週間当たりの労働時間が40時間を超えない範囲内において、当該協定（次項の規定による定めをした場合においては、その定めを含む。）で定めるところにより、特定された週において同条第1項の労働時間又は特定された日において同条第2項の労働時間を超えて、労働させることができる。

一　この条の規定による労働時間により労働させることができる

こととされる労働者の範囲

二　対象期間（その期間を平均し1週間当たりの労働時間が40時間を超えない範囲内において労働させる期間をいい、1箇月を超え1年以内の期間に限るものとする。以下この条及び次条において同じ。）

三　特定期間（対象期間中の特に業務が繁忙な期間をいう。第3項において同じ。）

四　対象期間における労働日及び当該労働日ごとの労働時間（対象期間を1箇月以上の期間ごとに区分することとした場合においては、当該区分による各期間のうち当該対象期間の初日の属する期間（以下この条において「最初の期間」という。）における労働日及び当該労働日ごとの労働時間並びに当該最初の期間を除く各期間における労働日数及び総労働時間）

五　その他厚生労働省令で定める事項

②　使用者は、前項の協定で同項第4号の区分をし当該区分による各期間のうち最初の期間を除く各期間における労働日数及び総労働時間を定めたときは、当該各期間の初日の少なくとも30日前に、当該事業場に、労働者の過半数で組織する労働組合がある場合においてはその労働組合、労働者の過半数で組織する労働組合がない場合においては労働者の過半数を代表する者の同意を得て、厚生労働省令で定めるところにより、当該労働日数を超えない範囲内において当該各期間における労働日及び当該総労働時間を超えない範囲内において当該各期間における労働日ごとの労働時間を定めなければならない。

③　厚生労働大臣は、労働政策審議会の意見を聴いて、厚生労働省令で、対象期間における労働日数の限度並びに1日及び1週間の労働時間の限度並びに対象期間（第1項の協定で特定期間として定められた期間を除く。）及び同項の協定で特定期間として定められた期間における連続して労働させる日数の限度を定めることができる。

④　第32条の2第2項の規定は、第1項の協定について準用する。

Q 16

変形労働時間制を採用した場合、時間外労働となるのはどの時間でしょうか？

A 厚生労働省の通達において、それぞれ次のように示されています。

1　1カ月単位の変形労働時間制

　1カ月単位の変形労働時間制の場合には、時間外労働となるのは、次の時間です（昭 63.1.1 基発第 1 号、平 6.3.31 基発第 181 号）。

（1）1日については、労使協定または就業規則その他これに準ずるものにより 8 時間を超える時間を定めた日はその時間、それ以外の日は 8 時間を超えて労働した時間

（2）1週間については、労使協定または就業規則その他これに準ずるものにより 40 時間を超える時間を定めた週はその時間、それ以外の週は 40 時間を超えて労働した時間（（1）で時間外労働となる時間を除く。）

（3）変形期間については、変形期間における法定労働時間の総枠を超えて労働した時間（（1）または（2）で時間外労働となる時間を除く。）

2　1年単位の変形労働時間制

　1年単位の変形労働時間制を採用した場合において、労働基準法上の時間外労働となるのは、次のいずれかに該当する時間です（平 6.1.4 基発第 1 号、平 9.3.25 基発第 195 号）。

（1）1日について、労使協定により 8 時間を超える労働時間を定めた日はその時間を超えて、それ以外の日は 8 時間を超えて労働させた時間

（2）1週間については、労使協定により 40 時間を超える労働時間を定めた週はその時間を超えて、それ以外の週は 40 時間を超えて労働させた時間（（1）で時間外労働となる時間を除く。）

（3）変形期間の全期間については、変形期間における法定労働時間の総枠を超えて労働させた時間（（1）または（2）で時間外労働となる時間を除く。）

Q 17

変形期間の途中で採用されたり、途中で退職した労働者の場合、どのような扱いになるのでしょうか？

A 変形労働時間制の適用がないものとして労働時間を計算し、時間外労働に該当する部分についての割増賃金を支払う必要があります（労働基準法第32条の4の2）。

1カ月単位の変形労働時間制も1年単位の変形労働時間制も、それぞれの労使協定で定める変形期間を平均することにより1週40時間、1日8時間労働が達成できるわけですから、それらの変形期間に満たない期間だけ労働したのでは、平均することができません。

そのため、このような場合には、変形労働時間制の適用がないものとして取り扱い、さかのぼって割増賃金の清算を行わなければなりません。

この規定は、途中退職者等雇用契約期間が同法第32条の4第1項第2号に規定する対象期間よりも短い者についての規定であり、休暇中の者などには適用されません（平11.3.31基発第168号）。

なお、1カ月単位の変形労働時間制の場合、変形期間の途中で入退社した労働者については、その月だけ変形制がないものとして計算する必要があります。

Q 18

労使協定の労働者側当事者は、労働組合でなければならないのでしょうか？

A 場合によって、労働組合でなくてよいこともあります。

労働基準法第36条第1項では、「使用者は、当該事業場に、労働者の過半数で組織する労働組合がある場合においてはその労働組合、労働者の過半数で組織する労働組合がない場合においては労働者の過半数を代表する者との書面による協定をし、…」と定めています。

1 労働組合がある場合

(1) 過半数を組織する労働組合

当該事業場の労働者の過半数を組合員とする労働組合があれば、そ

の労働組合が労使協定の労働者側当事者になります。労働組合が一つだけの場合のみならず、複数ある場合も同様です。

（2）過半数でない労働組合

　労働組合はあるが当該事業場の労働者の過半数までは組織していない場合は、その労働組合は労使協定の労働者側当事者になりません。労働組合が複数あって、そのどれもが過半数を組織していない場合も同様です。

　この場合は、次に述べる当該事業場の「労働者の過半数を代表する者」を選出する必要があります。その結果、その労働組合が当事者になることもあれば、そうでないこともあります。

2　労働組合がない場合

　当該事業場の労働者の過半数を代表する者を選出する必要があります。その選出について、労働基準法施行規則は、

　「労働者の過半数を代表する者（以下この条において「過半数代表者」という）は、次の各号のいずれにも該当する者とする。

　一　法第41条第2号に規定する監督又は管理の地位にある者でないこと。

　二　法に規定する協定等をする者を選出することを明らかにして実施される投票、挙手等の方法による手続により選出された者であること。」
としています（第6条の2第1項）。

3　不利益取扱いの禁止

　同条第3項では、「使用者は、労働者が過半数代表者であること若しくは過半数代表者になろうとしたこと又は過半数代表者として正当な行為をしたことを理由として不利益な取扱いをしないようにしなければならない。」と規定しています。会社側の言いなりにならないよう設けられた規定です。

4　最近の注意点

　近年、非正規雇用が拡大しており、運輸交通業も例外ではありません。その結果、正規雇用に対し、パート、アルバイト等の非正規雇用労働者の方が人数が多い事業場がままあります。しかも、正規雇用労働者には労働組合がなく、非正規雇用労働者には労働組合があり、結果としてその労働組合が当該事業場の過半数を組織していることもあります。

　この場合、正社員に関するものについても、当該労働組合が「労働者の過半数を代表する労働組合」となります。

Q 19

労使協定の締結は、労働組合や労働者の過半数を代表する者との協定のほかには方法がないのでしょうか？

A 労使委員会または労働時間等設定改善委員会の決議による方法があります。

1 労使委員会

労使委員会は、賃金、労働時間その他の当該事業場における労働条件に関する事項を調査審議し、事業主に対し当該事項について意見を述べることを目的として設置するものです（労働基準法第38条の4第1項）。

労使委員会の委員の半数は、それぞれ使用者と当該事業場の労働者を代表する者から構成されなければならず、労働者側委員は、当該事業場に過半数で組織する労働組合がある場合にはその労働組合に、それがない場合は労働者の過半数を代表する者に任期を定めて指名されなければなりません。

委員会の議事については、議事録が作成され、3年間保存されなければなりません。また、それを作業場に掲示するなどして労働者に周知しなければなりません（同条第2項、同法施行規則第24条の2の3、第24条の2の4）。

「時間外労働及び休日労働に関する協定届」や、変形労働時間制に関する協定届は、労使協定に代えて労使委員会の決議によることができます（同法第38条の4第5項）。

この場合、労働基準監督署への届出様式は、様式第9号「時間外労働及び休日労働に関する協定届」ではなく、様式第9号の3「時間外労働及び休日労働に関する労使委員会の決議届」になります。

なお、労使委員会は事業の運営方針を企画決定する事業場においてのみ設置することができるものであり、営業所等では設置できません。

2 労働時間等設定改善委員会

労働時間等設定改善委員会は、労使委員会よりその設置要件が緩いものです。労働時間等設定改善委員会は、労働時間等（労働時間制度、休日、年次有給休暇等）の設定が改善されるよう、労使の自主的な話合い

の場として設置されるものです（労働時間等設定改善法第6条）。

　事業場に労働時間等設定改善委員会が適法に設置されていれば、1の労使委員会の場合と同様に、その決議により労使委員会の場合と同様の届出を行うことができます。その場合、当該労働時間等設定改善委員会は、次の要件を満たしていなければなりません。

（1）委員の半数が過半数労働組合または過半数代表者の推薦に基づき指名されていること。

（2）過半数代表者は、管理監督者以外の者で、かつ、委員会の委員を推薦することを明らかにして実施される投票、挙手などの方法により選出されていること。

（3）委員会の開催のつど議事録が作成され、3年間保存されていること。

（4）委員の任期、委員会の招集、定足数、議事等を内容とする運営規定が定められていること。

Q 20

労使協定の会社側当事者は、社長でなければならないのでしょうか？

A しかるべき権限を有する者であれば、社長でなくてもかまいません。

　労使協定の会社側当事者は使用者です。労働基準法では、「使用者は、…しなければならない。」と定めています。この使用者について労働基準法は、「この法律で使用者とは、事業主又は事業の経営担当者その他その事業の労働者に関する事項について、事業主のために行為をするすべての者をいう。」（第10条）としています。

　そして、「使用者」とは労働基準法各条の義務についての履行の責任者をいい、その認定は部長、課長等の形式にとらわれることなく各事業において、法の各条の義務について実質的に一定の権限を与えられているか否かによるわけですが、このような権限が与えられておらず、単に上司の命令の伝達者にすぎない場合は使用者とみなされない（昭22.9.13発基第17号）とされています。

このため、たとえば常務取締役や取締役人事部長がそのような権限を有していれば、使用者として協定の当事者となることが可能です。

とはいえ、かなりの大企業でもない限り、社長が当事者になるほうが好ましいといえます。

なお、営業所を複数有する企業などですと、営業所長が会社側の当事者になることが多いといえましょう。

Q 21
「時間外労働及び休日労働に関する協定届」は、労働者に周知しなければならないのでしょうか？

A 周知が必要です。

労働基準法第106条第1項において、「使用者は、この法律及びこれに基づく命令の要旨、就業規則、第18条第2項、第24条第1項ただし書、第32条の2第1項、第32条の3、第32条の4第1項、第32条の5第1項、第34条第2項ただし書、<u>第36条第1項</u>、第37条第3項、第38条の2第2項、第38条の3第1項並びに第39条第4項、第6項及び第7項ただし書に規定する協定並びに第38条の4第1項及び第5項に規定する決議を、常時各作業場の見やすい場所へ掲示し、又は備え付けること、書面を交付することその他の厚生労働省令で定める方法によって、労働者に周知させなければならない。」と定めています。

厚生労働省令で定める方法とは、同法施行規則第52条の2において、次のいずれかに掲げる方法とされています。

1 常時各作業場の見やすい場所へ掲示し、または備え付けること。

2 書面を労働者に交付すること。

3 磁気テープ、磁気ディスクその他これらに準ずる物に記録し、かつ、各作業場に労働者が当該記録の内容を常時確認できる機器を設置すること。

3の方法は、社内LAN（イントラネット）により閲覧できるようにすることでもよいものです。

Q 22

自動車運転者は、そのほとんどを会社の外、つまり事業場外で労働しますが、事業場外労働に関するみなし労働時間制を適用することは可能でしょうか？

A 　自動車運転者にみなし労働時間制を適用することはできません。

みなし労働時間制とは、「労働者が労働時間の全部又は一部について事業場外で業務に従事した場合において、労働時間を算定し難いときは、所定労働時間労働したものとみなす。ただし、当該業務を遂行するためには通常所定労働時間を超えて労働することが必要となる場合においては、当該業務に関しては、厚生労働省令で定めるところにより、当該業務の遂行に通常必要とされる時間労働したものとみなす。」（労働基準法第38条の2第1項）ものです。

確かに自動車運転者の業務は事業場外において行われるものですが、通常は走行キロ数、運転日報からも労働時間を算定しうるものであり、一般に同条の「労働時間を算定し難いとき」という要件には該当しません（平元.3.1基発第93号、最終改正平11.3.31基発第168号）。

したがって、自動車運転者にみなし労働時間制を適用することはできません。

一定の自動車にはタコグラフ（自動運行記録計）の装着が義務づけられています（貨物自動車運送事業輸送安全規則、旅客自動車運送事業運輸規則）。また、近年はドライブレコーダーを装着している自動車が増えており、タコグラフと併用することで、かなり正確に労働時間の把握ができます。

Q 23

これまで何回か「事業場」という言葉が出てきましたが、どういう意味なのでしょうか？

A 労働基準法や労働安全衛生法は、事業場の規模（労働者数）と業種で適用が異なり、その法令適用の単位を事業場といいます。

労働者とは、「事業に使用されるもので賃金を支払われるものをいう。」（労働基準法第9条）とされています。この「事業」とは、企業全体ではなく、本社、支店、工場、営業所、店舗等の一つひとつをいい、その場所を事業場（じぎょうじょう）といっています。

時間外労働および休日労働に関する協定届などの労使協定が典型ですが、事業場ごとに締結し、事業場ごとに所轄労働基準監督署に届出をします。労災保険などの手続も原則として同じです。

所轄労働基準監督署とは、当該事業場の所在地を管轄する労働基準監督署のことです。

なお、現在では、一定の要件を満たせば、本社において複数の事業場について一括して届出等を行うことが認められていますし、インターネットを利用する電子申請もあります。

Q 24

時間外労働と休日労働、深夜労働の割増賃金は、労働基準法上どのようになっているのでしょうか？

A 労働基準法第37条および「労働基準法第37条第1項の時間外及び休日の割増賃金に係る率の最低限度を定める政令」（平6政令第5号、最終改正平12政令第309号）において、次のように定められています。

1 時間外労働の割増賃金

時間外労働の割増賃金は、通常支払われる賃金の2割5分以上とされ

ています。ただし、所定の労働時間を超えた労働であるため、時間給部分の支払いも必要です。その結果、1時間当たりの賃金額の12割5分以上の単価となります。

　また、週40時間労働を基準として1カ月45時間を超える部分については、2割5分以上の割増率を支払う旨の労使協定を締結するよう努力しなければなりません。

　さらに、週40時間労働を基準として1カ月60時間を超える部分については、5割以上の割増賃金を支払わなければなりません。

　なお、歩合給の割増賃金は、その月の歩合給の総額をその月の総実労働時間数で割った額に2割5分の割増率を掛け、その時間外労働時間数分を支払うことになります。この場合は、割増部分のみの支払いになります。

　なお、5割以上の割増賃金に変えて、代替休暇を取得させる方法もあります（同法第37条第3項）。

2　休日労働の割増賃金

　休日労働の割増賃金は、通常支払われる賃金の3割5分以上とされています。これも時間外労働と同様に、時間給部分の支払いを要しますから、1時間当たりの賃金額の13割5分以上の単価となります。

　休日労働が所定労働時間を超えた場合であっても、休日労働の時間外労働という考え方はなく、休日に労働した時間すべてが休日労働となります。ただし、深夜労働に該当する部分は、さらに深夜割増の追加が必要です。

　なお、歩合給の割増賃金については、1と同様の計算になります。

3　深夜労働の割増賃金

　深夜労働とは、午後10時から翌朝5時までの労働をいいます。深夜労働の割増賃金は通常支払われる賃金の2割5分以上とされています。すでに、通常の労働時間または時間外労働か休日労働としての時間給部分の支払いがありますから、2割5分だけの支払いでよいものです。

　なお、歩合給の割増賃金については、1と同様の計算になります。

Q 25

「通常支払われる賃金」とは、どのような範囲のものをいうのでしょうか？

A 基本給と各種手当のように、売上げ（水揚げ）に関係なく決まって支払われる賃金をいいます。ただし、次の手当は割増賃金の計算に含めなくてもよいとされています（労働基準法第 37 条第 5 項、同法施行規則第 21 条）。

1　家族手当
2　通勤手当
3　別居手当
4　子女教育手当
5　住宅手当
6　臨時に支払われた賃金
7　1 カ月を超える期間ごとに支払われる賃金

Q 26

割増賃金の時効は 2 年でよいのでしょうか？

A 労働基準法における割増賃金請求権の消滅時効は 3 年であり（同法第 115 条）、不払分があったとしても、その賃金支払日から 3 年を経過すると、労働者には請求権がなくなります。

しかしながら、労働基準法違反の罪の刑事訴訟法上の時効（公訴時効）は 3 年であり、「時効によつて請求権が消滅した場合においても、刑法の一般原則によつて罰則規定の適用はある。」（昭 23.3.17 基発第 464 号）とされていますから、事実上過去 3 年分を支払わないと、処罰を受ける可能性があります。

なお、この「3 年」は当分の間とされており、条文上は「5 年」とされていますので、いずれ 5 年になる見込みです。

第3節　労働基準監督署の職務権限等

本節では、労働基準監督署の職務権限とその根拠、どのような業務を行っているか等について説明します。

Q 27

労働基準監督署の立入調査は、どのような権限に基づいて行われるのでしょうか？

A 労働基準法第101条第1項において「労働基準監督官は、事業場、寄宿舎その他の附属建設物に臨検し、帳簿及び書類の提出を求め、又は使用者若しくは労働者に対して尋問を行うことができる。」と定められており、この権限に基づくものです。

なお、同条第2項では、「前項の場合において、労働基準監督官は、その身分を証明する証票を携帯しなければならない。」とされていますので、立入調査を受けるに当たり、その身分を確認してもかまいません。

行政ではこの立入調査を「監督指導」または「臨検監督」と呼んでいます。

Q 28

労働基準監督署は、運輸交通業に対する営業停止等の権限はあるのでしょうか？

A ありません。そのため、労働基準行政と運輸行政との間で通報制度が設けられています。

労働基準監督署の立入調査の結果、重大な改善基準違反があると認められると、労働基準監督署から都道府県労働局長を経由して地方運輸局長に当該企業名、所在地、違反の態様等について通報されます。

地方運輸局長は、運輸支局に対し監査の実施を指示し、その結果に基づいて免許の停止または取消しを行います。平成21年には、国土交通

省関東運輸局長が、東京都内の大手タクシー会社に対して400台余り
のタクシー免許の取消しを行いました。その理由は、自動車運転者の過
労運転防止措置を講じていなかったというものでした。

　かつてはこの連携は大変時間がかかっていましたが、近年はかなり早
く対応するようになっています。マスコミに報道されるような交通事故
の場合、合同での立入調査をすることもあります。

　また、逆に運輸行政から労働基準行政へ通報が行われることもありま
す。

コラム　　青ナンバーと白タク

　運輸行政から許可を受けている営業車の場合、その自動車の
自動車登録番号表（ナンバープレート）は色が違います。

　自家用車（マイカー等）は、白地に濃緑色の文字が書かれて
いますが、営業車は色が逆転し、濃緑地に白色文字で書かれて
おり、これを「青ナンバー」といいます。軽自動車は、黒地に
黄色文字です。

　これに対し、終電後の駅周辺等において自家用車でタクシー
のように料金を取って客を乗せる行為を「白タク」といいます。
これは、白ナンバーである自家用車でタクシーと同様の行為を
するから、そう呼ばれているのです。もちろん違法です。

　なお、霊柩車も青ナンバーです。

Q 29

A 違反状況によっては、運輸行政機関に対して通報をすることもあります。また、その違反状況が悪質と認められれば、行政指導にとどまらず、労働基準法違反容疑等で検挙することがあります。

労働基準監督署は、事業場への立入調査を行い、法令の遵守状況を確認し、労働基準法、労働安全衛生法、最低賃金法等の違反が認められれば、是正勧告書を交付します。これは行政指導ですから、強制力はありません。

しかし、そこに書かれた内容は、法令違反をしてしまった事実ですから、指定された期日までに是正をしなければ、すでに犯した法令違反について、刑事訴訟法に基づく手続を踏んで検察庁に事件として送致します。これが「送検」であり、行政では司法処分と呼んでいます。

その結果、検察庁で起訴されれば罰金、禁錮等の処罰を受けることとなります。これは、前科になります。

また、重大な交通事故等を発生させた場合であって、過労運転の状況が認められれば、是正勧告書の交付をせず、直ちに司法処分になることもあります。

労働基準法第102条に「労働基準監督官は、この法律違反の罪について、刑事訴訟法に規定する司法警察官の職務を行う。」と定められていることによります。

コラム　免許取消しとナンバープレート

運輸行政が免許の停止や取消しを行うと、その分のナンバープレートを外して持ち去ります。ナンバー無しでは車を走らせることはできませんから、営業停止と同じ効力を持ちます。

労働基準行政が運輸行政と連携しているのは、その行政処分権限の行使を促すためです。

Q 30
司法処分とは、労働基準監督署が警察署に告発するわけではないのですか？

A 違います。「労働基準監督官は、この法律違反の罪について、刑事訴訟法における司法警察官の職務を行う」（労働基準法第102条、労働安全衛生法第92条、最低賃金法第33条ほか）こととされており、警察署に告発することなく自ら直接労働基準法違反容疑事件として刑事捜査を行います。

その際、証拠隠滅のおそれがあるなど悪質と判断されると強制捜査（家宅捜索、逮捕等）ということにもなりかねませんので、注意が必要です。

なお、警察官以外でこのような権限が認められているのは、労働基準監督官のほか、麻薬取締官（麻薬及び向精神薬取締法）、海上保安官（海上保安庁法）、皇宮警護官（司法警察職員等指定応急措置法）、船員労務官（船員法）、鉱務監督官（鉱山保安法）などです。

第4節　行政機関の連携と処分（運輸行政を含む）

本節では、労働基準監督署と運輸行政と警察行政の３行政間における連携等について説明します。

Q 31

運輸行政は、どのような場合にどのような処分を会社に対してするのでしょうか？

A　乗合バス（一般乗合旅客自動車）の場合、貸切バス（一般貸切旅客自動車）の場合、ハイヤーおよびタクシー（一般乗用旅客自動車）の場合、トラック（貨物自動車）の場合がそれぞれ定められています。

国土交通省（各地方運輸局および各運輸支局）では、自動車運送に係る事故防止の徹底を期するとともに、運輸の適正を図り、利用者利便を確保するため、運送事業者に対する監査を実施しています。

そのための行政処分の種類は、軽微なものから順に、自動車その他の輸送施設の使用の停止処分（以下「自動車等の使用停止処分」といいます）、事業の停止処分および許可の取消処分があります。

また、これらに至らないものは、軽微なものから順に、勧告、警告という行政処分があります。これらを合わせて「行政処分等」といいます。

処分の対象となるのは、次のような行為です。

1　過積載
2　無許可経営
3　運行管理者が全く不在（選任なし）
4　**乗務時間等の基準が著しく遵守されていない**
5　点呼を全く実施していない
6　定期点検整備を全く実施していない

7　整備管理者が全く不在（選任なし）

8　名義貸し、事業の貸し渡し等の違反

9　輸送する旅客の範囲を限定する旨の条件または運送の引受を営業
　　所において行う輸送に限定する旨の条件違反

10　検査拒否等の違反

11　事業計画に従うべき命令違反

12　運賃料金変更命令違反

13　輸送の安全確保命令違反

14　講習の利便阻害行為等の停止命令違反

15　事業改善命令違反

　なお、過去2年間の違反状況等に応じて処分の軽重が異なります。詳しいことは、国土交通省のホームページの自動車総合安全情報の「行政処分の基準」（http://www.mlit.go.jp/jidosha/anzen/03punishment/baseline.html）を参照してください。

対象区分	通達番号	通達の標題
一般乗合旅客自動車運送事業者（乗合バス）	平 25.9.17 国自安第 138 号、国自整第 162 号（最終改正令 3.5.28）	一般乗合旅客自動車運送事業者に対する行政処分等の基準について
一般貸切旅客自動車運送事業者（貸切バス）	平 28.11.18 国自安第 157 号、国自整第 220 号（最終改正令 3.5.28）	一般貸切旅客自動車運送事業者に対する行政処分等の基準について
一般乗用旅客自動車運送事業者（ハイヤーおよびタクシー）	平 21.9.29 国自安第 60 号、国自旅第 128 号、国自整第 54 号（最終改正令 3.5.28）	一般乗用旅客自動車運送事業者に対する行政処分等の基準について
貨物自動車運送事業者（トラック）	平 21.9.29 国自安第 73 号、国自貨第 77 号、国自整第 67 号（最終改正令 3.5.28）	貨物自動車運送事業者に対する行政処分等の基準について

コラム　自動ブレーキの設置義務づけ

　自動ブレーキとは、正式名称を「追突被害軽減ブレーキ」といい、「プリクラッシュセーフティシステム」とも呼ばれています。

　これは、自動車の運転席などに搭載したカメラやレーダーから受けた前方の情報をコンピュータが解析し、必要に応じて自動的に運転者にブレーキをかけるよう警告したり、運転者が何もしない場合などに自動的にブレーキをかけるシステムです。

　2014年（平成26年）11月から順次自動ブレーキの設置が義務づけられてきましたが、2023年（令和5年）1月の改正により下表のとおりとなりました。

　相次ぐ重大事故を防ぐためにも、早期の設置が求められています。

	トラック	トラクター	バ　ス
新型生産車	総重量 3.5t 超で 2025 年（令和 7 年）9 月以降に生産されるもの		
継続生産車	総重量 3.5t 超で 2028 年（令和 10 年）9 月以降		

※「トラクター」とは、トレーラーの頭の部分をいいます。
※「総重量」とは、車両総重量のことで、55kg ×乗車定員＋積荷の最大重量に燃料、潤滑油と冷却水の重量を足したものです。

Q 32
３行政間の連携は、どのようになっているのでしょうか？

A 労働基準行政、運輸行政と警察行政のそれぞれの行政機関がそれぞれの立場で事業場や本社に立入調査を行い、問題が認められ、悪質と判断された場合には、他の行政機関に通報することとされています。

労働基準監督署では、過去の違反状況や重大な交通事故を発生させた事業場などに対して立入調査をし、調査結果に基づいて労働基準法違反等の指摘を行い、期日を定めて改善の指示を文書で行います（是正勧告書等の交付）。

その際、違反内容が過労運転防止基準である改善基準に関して悪質と認められると、労働基準法違反容疑で検挙（検察庁に送検する）する場合もあれば、運輸行政に通報し、運輸行政としての行政処分（運行停止等）を促す場合もあります。

また、自動車運転者に関する労働者死傷病報告や交通事故に起因する労災保険請求において、たとえば追突された事案であれば、加害者である自動車運転者の所属する会社の所在地を管轄する労働基準監督署に対し、改善基準の違反の有無とその程度について立入調査を依頼するということがあります。

その結果によっては、依頼を受けた労働基準監督署が処分を行うか、あるいは運輸行政機関に対して通報をします。

警察行政機関は、交通事故の調査結果に基づいて、労働基準監督署の権限行使を促すための通報を行います。

なお、近年では、マスコミが報道した重大事故等について、運輸行政機関が会社からの報告を待たずに立入調査をすることが増えており、場合によっては労働基準監督署と合同での立入調査をすることもあるようです。

Q 33

労働基準監督署には、是正勧告書等の交付や司法処分のほかに、行政処分はあるのでしょうか？

A 労災保険における費用徴収が発動されることがあります。

労災保険制度は、本来使用者（事業主）の無過失責任である補償責任（労働基準法第75条から第88条）について、保険制度として給付するものです。

しかし、単に給付を行うだけであれば、労働災害防止について努力している使用者との間に不公平が生じます。これを防ぐため、費用徴収の制度が設けられています。

費用徴収とは、一定の要件に該当する場合、都道府県労働局長が事業主から保険給付の価額の40％から100％の範囲でその費用を徴収するものです（労災保険法第31条）。

費用徴収の対象となるのは、次のいずれかの場合です。

1　事業主が故意または重大な過失により労働保険関係成立届を提出していない期間中に生じた事故（労災保険の加入手続をしていない期間中の事故）

2　事業主が労災保険の一般保険料を滞納している期間中に生じた事故

3　事業主が故意または重大な過失により生じさせた業務災害の原因である事故（労働基準法または労働安全衛生法違反を原因として災害を発生させた場合）

したがって、改善基準違反で交通事故等を生じさせた場合、労働基準法違反等が確認されれば、費用徴収の対象となる可能性が高くなります。これは、送検されたかどうかは直接関係せず、法違反があると都道府県労働局長に認定されるかどうかですから、是正勧告書の交付を受けた場合にも該当します。

第Ⅱ章

「改善基準」のあらまし

概　説

「自動車運転者の労働時間等の改善のための基準」（略称「改善基準」）は、過労運転による重大な交通事故等を防ぐことを目的として制定されました。

本章では、改善基準の概要、すなわち規制の対象であるタクシー（ハイヤーを含む）、トラックとバスに関する共通事項について説明しています。

第1節　「改善基準」とは

Q1

「自動車運転者の労働時間等の改善のための基準」とは、どのようなものでしょうか？

A　過労運転による交通事故防止のための基準です。

自動車は、高速道路での事故にみられるように、ひとたび交通事故が発生すると、多くの人々を巻き込むことが少なくありません。これらのうち、労働者（勤労者）が仕事中に被災したものを特に「交通労働災害」と呼んでいます。

厚生労働省が所管している「改善基準」は、職業自動車運転者の過労運転による交通労働災害防止を目的として定められました。最初は昭和42年に労働省（当時）の労働基準局長名通達として示され、幾たびかの改正を経て平成元年に労働省告示となったもので、その後さらに何回かの改正を経て今日に至っています。

現在の改善基準は、ILO第153号条約「路面運送における労働時間及び休息期間に関する条約」を踏まえた内容に令和元年（2019年）の働き方改革による労働基準法改正のうち時間外労働の上限規制を盛り込んだものとなっています。

改善基準の目的は、「この基準は、自動車運転者（労働基準法（昭和22年法律第49号。以下「法」という。）第9条に規定する労働者（同

居の親族のみを使用する事業又は事務所に使用される者及び家事使用人を除く。）であって、四輪以上の自動車の運転の業務（厚生労働省労働基準局長が定めるものを除く。）に主として従事する者をいう。以下同じ。）の労働時間等の改善のための基準を定めることにより、自動車運転者の労働時間等の労働条件の向上を図ることを目的とする。」（告示第1条第1項）とされています。

そして、第2項では、「労働関係の当事者は、この基準を理由として自動車運転者の労働条件を低下させてはならないことはもとより、その向上に努めなければならない。」とされています。

Q2
「改善基準」の対象は、どのような自動車ですか？

A 「改善基準」は、4輪以上の自動車を職業として運転する者すべてを対象としています。たとえば、旅館等で行っている宿泊客用の送迎バスや、工場等の従業員送迎用バスの運転、工場等における自家用トラックの運転業務や、営業社員が会社の乗用車等で顧客先を回るもの等も対象です。

Q3

「改善基準」の内容は、どのようになっていますか？

A 「改善基準」の告示全文は次のとおりです。

（目的等）

第1条 この基準は、自動車運転者（労働基準法（昭和22年法律第
49号。以下「法」という。）第9条に規定する労働者（同居の親族
のみを使用する事業又は事務所に使用される者及び家事使用人を除
く。）であって、四輪以上の自動車の運転の業務（厚生労働省労働
基準局長が定めるものを除く。）に主として従事する者をいう。以
下同じ。）の労働時間等の改善のための基準を定めることにより、
自動車運転者の労働時間等の労働条件の向上を図ることを目的とす
る。

2 労働関係の当事者は、この基準を理由として自動車運転者の労働
条件を低下させてはならないことはもとより、その向上に努めなけ
ればならない。

3 使用者及び労働者の過半数で組織する労働組合又は労働者の過半
数を代表する者（以下「労使当事者」という。）は、法第32条か
ら第32条の5まで若しくは第40条の労働時間（以下「労働時間」
という。）を延長し、又は法第35条の休日（以下「休日」という。）
に労働させるための法第36条第1項の協定（以下「時間外・休日
労働協定」という。）をする場合において、次の各号に掲げる事項
に十分留意しなければならない。

一 労働時間を延長して労働させることができる時間は、法第36
条第4項の規定により、1箇月について45時間及び1年につい
て360時間（法第32条の4第1項第2号の対象期間として3箇
月を超える期間を定めて同条の規定により労働させる場合にあっ
ては、1箇月について42時間及び1年について320時間。以下
「限度時間」という。）を超えない時間に限ることとされているこ
と。

二　前号に定める1年についての限度時間を超えて労働させること
　　ができる時間を定めるに当たっては、事業場における通常予見す
　　ることのできない業務量の大幅な増加等に伴い臨時的に当該限度
　　時間を超えて労働させる必要がある場合であっても、法第140
　　条第1項の規定により読み替えて適用する法第36条第5項の規
　　定により、同条第2項第4号に関して協定した時間を含め960
　　時間を超えない範囲内とされていること。

三　前2号に掲げる事項のほか、労働時間の延長及び休日の労働は
　　必要最小限にとどめられるべきであることその他の労働時間の延
　　長及び休日の労働を適正なものとするために必要な事項について
　　は、労働基準法第36条第1項の協定で定める労働時間の延長及
　　び休日の労働について留意すべき事項等に関する指針（平成30
　　年厚生労働省告示第323号）において定められていること。

（一般乗用旅客自動車運送事業に従事する自動車運転者の拘束時間等）
第2条　使用者は、一般乗用旅客自動車運送事業（道路運送法（昭和
　　26年法律第183号）第3条第1号ハの一般乗用旅客自動車運送事
　　業をいう。以下同じ。）に従事する自動車運転者（隔日勤務（始業
　　及び終業の時刻が同一の日に属さない業務をいう。以下同じ。）に
　　就くものを除く。以下この項において同じ。）を使用する場合は、
　　その拘束時間（労働時間、休憩時間その他の使用者に拘束されてい
　　る時間をいう。以下同じ。）及び休息期間（使用者の拘束を受けな
　　い期間をいう。以下同じ。）について、次に定めるところによるも
　　のとする。

一　拘束時間は、1箇月について288時間を超えないものとする
　　こと。ただし、顧客の需要に応ずるため常態として車庫等におい
　　て待機する就労形態（以下「車庫待ち等」という。）の自動車運
　　転者の拘束時間は、当該事業場に労働者の過半数で組織する労働
　　組合がある場合においてはその労働組合、労働者の過半数で組織
　　する労働組合がない場合においては労働者の過半数を代表する者
　　との書面による協定（以下「労使協定」という。）により、1箇
　　月について300時間まで延長することができるものとする。

二　1日（始業時刻から起算して24時間をいう。以下同じ。）に

ついての拘束時間は、13時間を超えないものとし、当該拘束時間を延長する場合であっても、1日についての拘束時間の限度（以下「最大拘束時間」という。）は、15時間とすること。ただし、車庫待ち等の自動車運転者について、次に掲げる要件を満たす場合には、この限りでない。

イ　勤務終了後、継続20時間以上の休息期間を与えること。

ロ　1日についての拘束時間が16時間を超える回数が、1箇月について7回以内であること。

ハ　1日についての拘束時間が18時間を超える場合には、夜間4時間以上の仮眠時間を与えること。

ニ　1回の勤務における拘束時間が、24時間を超えないこと。

三　前号本文の場合において、1日についての拘束時間が14時間を超える回数をできるだけ少なくするように努めるものとすること。

四　勤務終了後、継続11時間以上の休息期間を与えるよう努めることを基本とし、休息期間が継続9時間を下回らないものとすること。

2　使用者は、一般乗用旅客自動車運送事業に従事する自動車運転者であって隔日勤務に就くものを使用する場合は、その拘束時間及び休息期間について、次に定めるところによるものとする。

一　拘束時間は、1箇月について262時間を超えないものとすること。ただし、地域的事情その他の特別の事情がある場合において、労使協定により、1年について6箇月までは、1箇月の拘束時間を270時間まで延長することができるものとする。

二　2暦日についての拘束時間は、22時間を超えないものとし、かつ、2回の隔日勤務を平均し隔日勤務1回当たり21時間を超えないものとすること。

三　車庫待ち等の自動車運転者の拘束時間は、1箇月について262時間を超えないものとし、労使協定により、これを270時間まで延長することができるものとすること。ただし、次に掲げる要件をいずれも満たす場合に限り、2暦日についての拘束時間は24時間まで延長することができ、かつ、1箇月についての拘束

時間はこの号本文に定める拘束時間に 10 時間を加えた時間まで延長することができるものとする。

　イ　夜間 4 時間以上の仮眠を与えること。

　ロ　第 2 号に定める拘束時間を超える回数を、労使協定により、1 箇月について 7 回を超えない範囲において定めること。

四　勤務終了後、継続 24 時間以上の休息期間を与えるよう努めることを基本とし、休息期間が継続 22 時間を下回らないものとすること。

3　第 1 項第 2 号に定める 1 日についての拘束時間並びに前項第 2 号及び第 3 号に定める 2 暦日についての拘束時間の規定の適用に当たっては、次の各号に掲げる要件を満たす時間（以下「予期し得ない事象への対応時間」という。）を、これらの拘束時間から除くことができる。この場合において、予期し得ない事象への対応時間により、1 日についての拘束時間が最大拘束時間を超えた場合は、第 1 項第 4 号の規定にかかわらず、勤務終了後、継続 11 時間以上の休息期間を与え、隔日勤務 1 回についての拘束時間が 22 時間を超えた場合は、前項第 4 号の規定にかかわらず、勤務終了後、継続 24 時間以上の休息期間を与えることとする。

一　通常予期し得ない事象として厚生労働省労働基準局長が定めるものにより生じた運行の遅延に対応するための時間であること。

二　客観的な記録により確認できる時間であること。

4　使用者は、一般乗用旅客自動車運送事業に従事する自動車運転者を休日に労働させる場合は、当該労働させる休日は 2 週間について 1 回を超えないものとし、当該休日の労働によって第 1 項又は第 2 項に定める拘束時間及び最大拘束時間を超えないものとする。

5　ハイヤー（一般乗用旅客自動車運送事業の用に供せられる自動車であって、当該自動車による運送の引受けが営業所のみにおいて行われるものをいう。次条において同じ。）に乗務する自動車運転者については、第 1 項から前項までの規定は適用しない。

第 3 条　労使当事者は、時間外・休日労働協定においてハイヤーに乗務する自動車運転者に係る労働時間を延長して労働させることができる時間について協定するに当たっては、次の各号に掲げる事項を

遵守しなければならない。

一　労働時間を延長して労働させることができる時間については、限度時間を超えない時間に限ること。

二　1年についての限度時間を超えて労働させることができる時間を定めるに当たっては、当該事業場における通常予見することのできない業務量の大幅な増加等に伴い臨時的に当該限度時間を超えて労働させる必要がある場合であっても、法第140条第1項の規定により読み替えて適用する法第36条第5項の規定により、同条第2項第4号に関して協定した時間を含め960時間を超えない範囲内とすること。

2　使用者は、時間外・休日労働協定において、労働時間を延長して労働させることができる時間を定めるに当たっては、当該時間数を、休日の労働を定めるに当たっては、当該休日に労働させることができる時間数を、それぞれできる限り短くするよう努めなければならない。

3　使用者は、ハイヤーに乗務する自動車運転者が疲労回復を図るために、必要な睡眠時間を確保できるよう、勤務終了後に一定の休息期間を与えなければならない。

（貨物自動車運送事業に従事する自動車運転者の拘束時間等）

第4条　使用者は、貨物自動車運送事業（貨物自動車運送事業法（平成元年法律第83号）第2条第1項の貨物自動車運送事業をいう。以下同じ。）に従事する自動車運転者を使用する場合は、その拘束時間、休息期間及び運転時間について、次に定めるところによるものとする。

一　拘束時間は、1箇月について284時間を超えず、かつ、1年について3300時間を超えないものとすること。ただし、労使協定により、1年について6箇月までは、1箇月について310時間まで延長することができ、かつ、1年について3400時間まで延長することができるものとする。

二　前号ただし書の場合において、1箇月の拘束時間が284時間を超える月が3箇月を超えて連続しないものとし、かつ、1箇月の時間外労働及び休日労働の合計時間数が100時間未満となる

よう努めるものとすること。

三　1日についての拘束時間は、13時間を超えないものとし、当該拘束時間を延長する場合であっても、最大拘束時間は15時間とすること。ただし、貨物自動車運送事業に従事する自動車運転者に係る1週間における運行が全て長距離貨物運送（一の運行（自動車運転者が所属する事業場を出発してから当該事業場に帰着するまでをいう。以下この項において同じ。）の走行距離が450キロメートル以上の貨物運送をいう。）であり、かつ、一の運行における休息期間が、当該自動車運転者の住所地以外の場所におけるものである場合においては、当該1週間について2回に限り最大拘束時間を16時間とすることができる。

四　前号の場合において、1日についての拘束時間が14時間を超える回数をできるだけ少なくするよう努めるものとすること。

五　勤務終了後、継続11時間以上の休息期間を与えるよう努めることを基本とし、休息期間が継続9時間を下回らないものとすること。ただし、第3号ただし書に該当する場合、当該1週間について2回に限り、休息期間を継続8時間とすることができる。この場合において、一の運行終了後、継続12時間以上の休息期間を与えるものとする。

六　運転時間は、2日（始業時刻から起算して48時間をいう。次条において同じ。）を平均し1日当たり9時間、2週間を平均し1週間当たり44時間を超えないものとすること。

七　連続運転時間（1回がおおむね連続10分以上で、かつ、合計が30分以上の運転の中断をすることなく連続して運転する時間をいう。以下この条において同じ。）は、4時間を超えないものとすること。ただし、高速自動車国道（高速自動車国道法（昭和32年法律第79号）第4条第1項の高速自動車国道をいう。）又は自動車専用道路（道路法（昭和27年法律第180号）第48条の2第1項若しくは第2項の規定により指定を受けた道路をいう。）（以下「高速道路等」という。）のサービスエリア又はパーキングエリア（道路法施行令（昭和27年政令第479号）第7条第13号若しくは高速自動車国道法第11条第2号に定める施設

をいう。）等に駐車又は停車できないため、やむを得ず連続運転
時間が4時間を超える場合には、連続運転時間を4時間30分ま
で延長することができるものとする。

　八　前号に定める運転の中断については、原則として休憩を与える
　　ものとする。

2　使用者は、貨物自動車運送事業に従事する自動車運転者の休息
　期間については、当該自動車運転者の住所地における休息期間がそ
　れ以外の場所における休息期間より長くなるように努めるものとす
　る。

3　第1項第3号に定める1日についての拘束時間、同項第6号に定
　める2日を平均した1日当たりの運転時間及び同項第7号に定める
　連続運転時間の規定の適用に当たっては、予期し得ない事象への対
　応時間を当該拘束時間、運転時間及び連続運転時間から除くことが
　できる。この場合、勤務終了後、同項第5号本文に定める継続した
　休息期間を与えること。

4　第1項の規定にかかわらず、次の各号のいずれかに該当する場合
　には、拘束時間及び休息期間については、それぞれ次に定めるとこ
　ろによるものとする。

　一　業務の必要上、勤務の終了後継続9時間（第1項第3号ただし
　　書に該当する場合は継続8時間）以上の休息期間を与えることが
　　困難な場合、次に掲げる要件を満たすものに限り、当分の間、一
　　定期間（1箇月程度を限度とする。）における全勤務回数の2分
　　の1を限度に、休息期間を拘束時間の途中及び拘束時間の経過直
　　後に分割して与えることができるものとする。

　　イ　分割された休息期間は、1回当たり継続3時間以上とし、2
　　　分割又は3分割とすること。

　　ロ　1日において、2分割の場合は合計10時間以上、3分割の
　　　場合は合計12時間以上の休息期間を与えなければならないこ
　　　と。

　　ハ　休息期間を3分割とする日が連続しないよう努めるものとす
　　　る。

　二　自動車運転者が同時に1台の自動車に2人以上乗務する場合で

あって、車両内に身体を伸ばして休息できる設備があるときは、最大拘束時間を 20 時間まで延長するとともに、休息期間を 4 時間まで短縮することができること。ただし、当該設備が自動車運転者の休息のためのベッド又はこれに準ずるものとして厚生労働省労働基準局長が定める設備に該当する場合で、かつ、勤務終了後、継続 11 時間以上の休息期間を与える場合は、最大拘束時間を 24 時間まで延長することができる。この場合において、8 時間以上の仮眠を与える場合には、当該拘束時間を 28 時間まで延長することができる。

三　業務の必要上やむを得ない場合には、当分の間、2 暦日についての拘束時間が 21 時間を超えず、かつ、勤務終了後、継続 20 時間以上の休息期間を与える場合に限り、自動車運転者を隔日勤務に就かせることができること。ただし、厚生労働省労働基準局長が定める施設において、夜間 4 時間以上の仮眠を与える場合には、2 週間についての拘束時間が 126 時間を超えない範囲において、当該 2 週間について 3 回を限度に、2 暦日の拘束時間を 24 時間まで延長することができる。

四　自動車運転者がフェリーに乗船している時間は、原則として休息期間とし、この条の規定により与えるべき休息期間から当該時間を除くことができること。ただし、当該時間を除いた後の休息期間については、第 2 号の場合を除き、フェリーを下船した時刻から終業の時刻までの時間の 2 分の 1 を下回ってはならない。

5　使用者は、貨物自動車運送事業に従事する自動車運転者に休日に労働させる場合は、当該労働させる休日は 2 週間について 1 回を超えないものとし、当該休日の労働によって第 1 項に定める拘束時間及び最大拘束時間を超えないものとする。

6　前各項の規定は、旅客自動車運送事業（道路運送法第 2 条第 3 項の旅客自動車運送事業をいう。次条において同じ。）及び貨物自動車運送事業以外の事業に従事する自動車運転者（主として人を運送することを目的とする自動車の運転の業務に従事する者を除く。）について準用する。

（一般乗用旅客自動車運送事業以外の旅客自動車運送事業に従事する自動車運転者の拘束時間等）

第5条　使用者は、一般乗用旅客自動車運送事業以外の旅客自動車運送事業に従事する自動車運転者並びに旅客自動車運送事業及び貨物自動車運送事業以外の事業に従事する自動車運転者であって、主として人を運送することを目的とする自動車の運転の業務に従事するもの（以下この条においてこれらを総称して「バス運転者等」という。）を使用する場合は、その拘束時間、休息期間及び運転時間について、次に定めるところによるものとする。

一　拘束時間は、次のいずれかの基準を満たすものとする。

　　イ　1箇月について281時間を超えず、かつ、1年について3300時間を超えないものとすること。ただし、貸切バス（一般貸切旅客自動車運送事業（道路運送法第3条第1号ロの一般貸切旅客自動車運送事業をいう。以下この項において同じ。）の用に供する自動車をいう。以下この項において同じ。）を運行する営業所において運転の業務に従事する者、一般乗合旅客自動車運送事業（同号イの一般乗合旅客自動車運送事業をいう。以下この項において同じ。）の用に供する自動車であって、行事等の事由による一時的な需要に応じて追加的に自動車を運行する営業所において運行されるものに乗務する者、起点から終点までのキロ程がおおむね100キロメートルを超える運行系統を運行する一般乗合旅客自動車運送事業の用に供する自動車であって、高速道路等の利用区間のキロ程が50キロメートル以上であり、かつ、当該キロ程が起点から終点までのキロ程の4分の1以上のものに乗務する者（第6号において「特定運転者」という。）及び貸切バスに乗務する者（以下これらを総称して「貸切バス等乗務者」という。）の拘束時間は、労使協定により、1年について6箇月までは、1箇月について294時間まで延長することができ、かつ、1年について3400時間まで延長することができる。

　　ロ　4週間を平均し1週間当たり65時間を超えず、かつ、52週間について3300時間を超えないものとすること。ただし、貸切バス等乗務者の拘束時間は、労使協定により、52週間の

うち24週間までは4週間を平均し1週間当たり68時間まで延長することができ、かつ、52週間について3400時間まで延長することができる。

二 前号イただし書の場合においては、1箇月の拘束時間について281時間を超える月が4箇月を超えて連続しないものとし、前号ロただし書の場合においては、4週間を平均した1週間当たりの拘束時間が65時間を超える週が16週間を超えて連続しないものとすること。

三 1日についての拘束時間は、13時間を超えないものとし、当該拘束時間を延長する場合であっても、最大拘束時間は、15時間とすること。この場合において、1日についての拘束時間が14時間を超える回数をできるだけ少なくするよう努めるものとする。

四 勤務終了後、継続11時間以上の休息期間を与えるよう努めることを基本とし、休息期間が継続9時間を下回らないものとすること。

五 運転時間は、2日を平均し1日当たり9時間、4週間を平均し1週間当たり40時間を超えないものとすること。ただし、貸切バス等乗務者については、労使協定により、52週間についての運転時間が2080時間を超えない範囲内において、52週間のうち16週間までは、4週間を平均し1週間当たり44時間まで延長することができる。

六 連続運転時間（1回が連続十分以上で、かつ、合計が30分以上の運転の中断をすることなく連続して運転する時間をいう。以下この条において同じ。）は、4時間を超えないものとすること。ただし、特定運転者及び貸切バスに乗務する者が高速道路等（旅客が乗車することができる区間として設定したものに限る。）を運行する場合は、一の連続運転時間についての高速道路等における連続運転時間（夜間において長距離の運行を行う貸切バスについては、高速道路等以外の区間における運転時間を含む。）はおおむね2時間を超えないものとするよう努めるものとする。

七 前号の場合において、交通の円滑を図るため、駐車又は停車

した自動車を予定された場所から移動させる必要が生じたことにより運転した時間（一の連続運転時間が終了するまでの間につき30分を上限とする。）を、当該必要が生じたことに関する記録がある場合に限り、連続運転時間から除くことができる。

2　使用者は、バス運転者等の休息期間については、当該バス運転者等の住所地における休息期間がそれ以外の場所における休息期間より長くなるように努めるものとする。

3　第1項第3号に定める1日についての拘束時間、同項第5号に定める2日を平均した1日当たりの運転時間及び同項第6号に定める連続運転時間の規定の適用に当たっては、予期し得ない事象への対応時間を当該拘束時間、運転時間及び連続運転時間から除くことができる。この場合、勤務終了後、同項第4号に定める継続した休息期間を与えること。

4　第1項の規定にかかわらず、次の各号のいずれかに該当する場合には、拘束時間及び休息期間については、それぞれ次の当該各号に定めるところによるものとする。

一　業務の必要上、勤務の終了後継続9時間以上の休息期間を与えることが困難な場合、当分の間、一定期間（1箇月を限度とする。）における全勤務回数の2分の1を限度に、休息期間を拘束時間の途中及び拘束時間の経過直後の2回に分割して与えることができるものとする。この場合において、分割された休息期間は、1日において1回当たり継続4時間以上、合計11時間以上でなければならないものとする。

二　バス運転者等が同時に1台の自動車に2人以上乗務する場合であって、車両内に身体を伸ばして休息できる設備がある場合は、次に掲げるところにより、最大拘束時間を延長し、休息期間を短縮することができる。

　　イ　当該設備がバス運転者等の専用の座席であり、かつ、厚生労働省労働基準局長が定める要件を満たす場合は、最大拘束時間を19時間まで延長し、休息期間を5時間まで短縮することができるものとする。

　　ロ　当該設備としてベッドが設けられている場合その他バス運転

者等の休息のための措置として厚生労働省労働基準局長が定める措置が講じられている場合は、最大拘束時間を20時間まで延長し、休息期間を4時間まで短縮することができるものとする。

三　業務の必要上やむを得ない場合には、当分の間、2暦日についての拘束時間が21時間を超えず、かつ、勤務終了後、継続20時間以上の休息期間を与える場合に限り、バス運転者等を隔日勤務に就かせることができること。ただし、厚生労働省労働基準局長が定める施設において、夜間4時間以上の仮眠を与える場合には、2週間についての拘束時間が126時間を超えない範囲において、当該2週間について3回を限度に、2暦日の拘束時間を24時間まで延長することができる。

四　バス運転者等がフェリーに乗船している時間は、原則として休息期間とし、この条の規定により与えるべき休息期間から当該時間を除くことができること。ただし、当該時間を除いた後の休息期間については、第2号の場合を除き、フェリーを下船した時刻から終業の時刻までの時間の2分の1を下回ってはならない。

5　使用者は、バス運転者等に休日に労働させる場合は、当該労働させる休日は2週間について1回を超えないものとし、当該休日の労働によって第1項に定める拘束時間及び最大拘束時間を超えないものとする。

（細目）

第6条　この告示に定める事項に関し必要な細目は、厚生労働省労働基準局長が定める。

Q4

「改善基準」は、自動車運転者の種類とどのような適用関係にあるのでしょうか？

A 自動車運転者の種類ごとに次の表のようになっています。

事業の種類	改善基準の条文	対象となる自動車運転者
1　一般乗用旅客自動車運送事業（道路運送法第3条第1号ハ）	第2条	タクシー運転者
	第3条	ハイヤー運転者
2　貨物自動車運送事業（貨物自動車運送事業法第2条第1項）	第4条	トラック運転者
3　2以外の主として物品を運送することを目的とする貨物自動車運送	第4条第6項	自家用トラックの運転者 ・生コン車 ・販売業の自家用車
4　1以外の旅客自動車運送事業（道路運送法第3条第1号イ・ロ、第2号）	第5条	・乗合バスの運転者 ・貸切バスの運転者　等
5　1と4を除き、主として人を運送することを目的とする運送	第5条	・ホテル、旅館業等の送迎バスの運転者 ・スポーツクラブ、学校等の送迎バスの運転者
6　上記以外の自動車	第4条第6項	広告宣伝車等の運転者

Q 5

交通事故防止は警察の、運輸交通業関係は国土交通省の所管なのに、厚生労働省が規制することができるのですか？

A 厚生労働省が規制できるのは、労働時間の規制に関する法律が労働基準法であり、その所管が同省の労働基準局だからです。その地方出先機関としては、都道府県労働局と労働基準監督署とがあります。

「改善基準」は厚生労働省が主たる所管官庁ですが、国土交通省と警察庁との協議と連携を随時行っており、その上で改定等を行っています。

また、改善基準はその策定と変更に当たり、関係労使団体等の意見を聴き、労働政策審議会（労働行政に関する厚生労働大臣の諮問機関であり、公・労・使の3者構成です。公は、公益委員といい学識経験者等に委嘱します。労は労働者側委員であり労働団体の推薦に基づき委嘱します。使は使用者側委員であり経営者団体の推薦に基づき委嘱します）で審議して「妥当」と答申された後に、公布される手順となっています。その際にも、厚生労働省と国土交通省、警察庁は協議をしています。

なお、国土交通省では、平成13年8月20日国土交通大臣告示第1365号「自動車運転者の労働時間等の改善のための基準」を出していますが、その内容は厚生労働省の「改善基準」を準用しています。二重基準とならないように同じ基準としているのです。今回も引継いでいます。

Q 6

「改善基準」の改定等にあたり、業界の意見は取り入れられないのでしょうか？

A 取り入れる手続があり、厚生労働省ではそれに従って改定等を行っています。

基本的に、法律や政令、省令、告示、公示も同じですが、厚生労働大

臣が労働政策審議会に諮問をし、その内容が「妥当である」との答申を得て制定・改正等をしています。労働政策審議会の公労使3者が合議で妥当としたものを告示としています。

　なお、近年では、パブリックコメントといい、厚生労働省のホームページ上で広く誰でも意見を述べることができる制度も実施されていますから、関心のある方はご覧ください。ただし、期間が限定されていますのでご注意ください。

Q7

「改善基準」が適用されない自動車の運転業務というのは、あるのでしょうか？

A あります。「自動車運転者の労働時間等の改善のための基準の一部改正等について」（令4.12.23基発1223第3号）により、次のように定められています。

1　適用除外対象業務

「改善基準」が対象から除外しているものは、貨物自動車運送事業における次の業務です。

（1）災害対策基本法等に基づく緊急輸送の業務

（2）消防法等に基づく危険物等の運搬の業務

　①　関係消防機関に移送計画を届け出て行うアルキルアルミニウム、アルキルリチウムおよびこれらの含有物のタンクローリーによる運送の業務

　②　高圧ガス保安法に基づき、事業所の所在地を管轄する通商産業局長に移動計画書を届け出、その確認を受けて行う可燃ガス、酸素、毒性ガス等の高圧ガスのタンクローリーによる運送の業務

　③　火薬類取締法に基づき、都道府県公安委員会に運搬に関する計画を届け出、運搬証明書の交付を受けて行う火薬、爆薬等の火薬類の運送の業務

　④　核原料物質、核燃料物質及び原子炉の規制に関する法律、および

放射性同位元素等による放射線障害の防止に関する法律に基づき、運輸大臣（現在の国土交通大臣）の確認を受け、かつ、都道府県公安委員会に運送計画を届け出て行う核燃料物質等および放射性同位元素等の運送の業務

2　1の業務に従事する者の基準

　上記1の業務に従事しない期間については改善基準が適用されますが、上記1の業務に従事する期間を含む1カ月の拘束時間および2週間の運転時間の上限は次のとおりです。

（1）1カ月の拘束時間については、次の式により計算した時間を超えないものとすること。

　　〔（上記1の業務に従事した月の日数）－（上記1の業務に従事した日数）〕÷（上記1の業務に従事した月の日数）×（上記1の業務に従事した月の拘束時間）

（2）2週間の運転時間の上限は、次の式により計算した時間を超えないものとすること。

　　〔14－（上記1の業務に従事した日数）〕÷14×88

3　届出書またはその写の備え付け等

　上記1の業務を行うに当たっては、適用除外業務に該当することが明らかとなる関係法令に基づく各種行政機関への届出書、またはその写を事業場への備え付け、および自動車運転者ごとに1の業務に従事した期間が明らかとなる記録の整備が必要です。

　また、上記1の業務に従事する期間の直前において改善基準に定める休息期間を与えなくてはならないことはもとより、当該業務に従事する期間の直後においても継続8時間以上の休息期間を与えることが要請されるものです。

4　通常予期しない事象として厚生労働省労働基準局長が定めるものにより生じた運行の遅延に対応するための時間

　これは、トラック、ハイヤー・タクシー、バスの運転のそれぞれについて、通達（令4.12.23基発1223第3号）で示されています。それぞれの解説の章で説明します。

Q 8

「改善基準」に罰則はあるのでしょうか？

A 　改善基準そのものに罰則はありません。
　　しかし、労働基準法には罰則があります。通常、改善基準に基づいて「時間外労働及び休日労働に関する協定届」を提出しているはずです。その場合、その協定を超える時間外労働等が行われると、労働基準法違反となり処罰の対象となります。

　また、変形労働時間制を採用している場合であって、当該変形労働時間制の法定の要件を逸脱して運用していると、労働時間に関する労働基準法第 32 条違反となり、やはり処罰の対象となります。

　その際、労働基準監督署は、自ら司法警察権限を行使して捜査をし、労働基準法違反事件として検察庁に事件を送ります。これを送検といい、送検することを司法処分と呼んでいます。

コラム

　しばらく前に、過労自殺事案で違法な長時間労働が原因であったとして、大手広告代理店が労働基準法違反容疑で送検され、東京地方裁判所から罰金 50 万円の刑を法人（会社）に科すとの判決が出て、会社側は控訴せず判決が確定しました。

　労働時間の違反は、6 カ月以下の懲役または 30 万円以下の罰金（労働基準法第 119 条第 1 号）とされているのに、なぜ 50 万円なのでしょうか。

　実は、労働時間の違反は、1 日に労働者 1 人当たりひとつの違反が成立するのです。ですから、10 人なら 300 万円、それが10 日間なら 3 千万円の罰金となり得るのです。

　このような違反は、包括一罪といってひとつの犯罪として量刑を決めるのですが、検察庁や裁判所では過去の判決などを考慮して刑罰を決めています。長時間残業の規制を中心に働き方

改革による労働基準法の改正が行われました。その結果、今後、違反の規模と悪質性により罰金額が高額化していく可能性があることは、ご注意いただくべきことでしょう。

第2節　「改善基準」の基本事項

　改善基準は、タクシー、トラックとバスに分けて基準が定められています。それぞれの業界の特性に配慮した特例等が設けられています。

　本節では、改善基準における共通事項について説明します。

Q9
「改善基準」が制限を設けている拘束時間とは、どのようなものでしょうか？

A 　第1節でも述べましたが、始業時刻から終業時刻までの間の時間であり、休憩時間を含む時間をいいます。仮眠時間がある場合には、それも含まれます。

＜拘束時間・休息期間＞

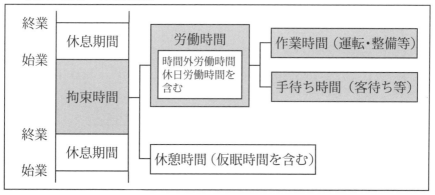

ここで注意しなければならないのは、改善基準は時間外労働の限度を定めているものではないということです。休日労働の限度を定めているわけでもありません（休日労働は一部規制があります）。

　しかし、両方の1カ月における総枠を制限していることから、時間外労働が増えれば休日労働の枠は減り、休日労働を行わせれば時間外労働の枠が減るという関係があります。その点で、改善基準の内容を正確に理解することが必要です。

　というのは、改善基準に基づいて「時間外労働及び休日労働に関する協定（36協定）」を締結し、これを「時間外労働及び休日労働に関する協定届（36協定届）」として所轄労働基準監督署長に届け出るわけですが、実際の労働時間等がその協定をオーバーした場合には、労働基準法違反として処罰の対象になるからです。

　加えて、交通事故等の労災事故を発生させ、その原因が労働関係法令違反と認定されると、前述の費用徴収（53ページ参照）を受けることになり、罰金額をはるかに上回る額を企業は負担しなければならないこととなります。

　また、使用者の安全配慮義務違反として民事訴訟等になれば、さらに高額の損害賠償を負担することにもなりかねません。

　改善基準に合致した協定の作り方は第Ⅲ章以下でそれぞれ説明しますが、まず、その考え方と労働時間管理について理解する必要があります。

Q 10
最大拘束時間とは、どのようなものでしょうか？

A　1日の拘束時間の限度をいいます（令4.12.23基発1223第3号）。

　1日の拘束時間は13時間以内を基本とし、これを延長する場合であっても15時間が限度です（1日24時間−休息期間9時間＝15時間）。この場合の1日とは、始業時刻から始まる24時間をいいます。始業時刻は毎日同じとは限りませんから、ずれがあるものです。

　最大拘束時間は、隔日勤務の場合などには2暦日で22時間まで認め

られます。ただし、2回の勤務を平均して21時間以内としなければなりません。

　隔日勤務とは、都市部のタクシーが典型ですが、1昼夜交替勤務で、勤務の翌日は明け番といい、勤務のない日とする勤務体系をいいます。トラックやバスにも隔日勤務があります。

　最大拘束時間は、タクシーの場合は日勤勤務か隔日勤務かにより異なります。トラックとバスもそれぞれ異なりますので、勤務割表を作る場合に注意が必要です。

　最大拘束時間のポイントは、次の勤務の始業時刻までに所定の休息期間を設けなければならないということです。休息期間については、本節Q 12を参照してください。

Q 11
運転時間とは、どのようなものでしょうか？

A　自動車を運転している時間です。業界では「ハンドル時間」と呼ぶこともあります。

　運転の業務は他の作業に比べ集中力を要し、疲労度が高いという特徴があります。そのため運転業務が長いと、疲労により交通事故等につながります。アマチュアドライバーは、高速道路を2時間運転したら休憩を入れるよう要請されていますが、改善基準はプロドライバーを対象としており、1回の連続運転時間は4時間以内としています。

　連続運転の中断時間として認められるのは、1回につきおおむね連続10分以上で、かつ、合計が30分となるよう設けなければなりません。つまり、10分ずつの中断だと3回目が終わった時点で運転が中断したと認められることになります。

　なお、高速道路等のサービスエリアまたはパーキングエリア等に駐車または停車できないことにより、やむを得ず連続運転時間が「4時間」を超える場合には、「4時間30分」まで延長することができます。

Q 12

休息期間とは、どのようなものでしょうか?

A 勤務の終業時刻から次の勤務開始時刻までの時間をいいます。基本的には、次の関係が成立します。

24 時間－拘束時間＝休息期間

　休息期間は、勤務と次の勤務を区切る時間であり、労働者が仕事から自由に離れることができる時間です。これにより、疲労回復を図り、労働者の生活時間（睡眠を含む）としての自由時間が確保できます。道路貨物運送業（トラック）とバス運転者等では、一定の要件を満たせば、休息期間を分割することができます。詳細は、第Ⅳ章と第Ⅴ章を参照してください。

　また、泊まりがけで出かける場合があることから、「貨物自動車運送業に従事する自動車運転者の休息期間については、当該自動車運転者の住所地における休息期間がそれ以外の場所における休息期間より長くなるよう努めるものとする」とされています。バスの運転者も同様です。

Q 13

休日と年次有給休暇の取扱いについて例外があるそうですが、どのようなものでしょうか?

A 自動車運転者の勤務の特殊性から、通達により休日と年次有給休暇について以下の例外が認められています。

1　休日

　労働基準法の休日は、暦日が原則です（昭 23.4.5 基発第 535 号）。つまり午前 0 時から 24 時までの間仕事から離れることが保障されていないと、休日として認められません。

　しかし、そのことを徹底すると業務に重大な支障が生じる業態があることから、次の 3 つの場合に限り、例外が認められています。

（1）8 時間 3 交替制勤務（昭 63.3.14 基発第 150 号）

　　これは、鉄鋼業や化学工業などが典型です。

（2）旅館・ホテル業（昭57.6.30基発第446号、昭63.3.14基発第150号、平11.3.31基発第168号）

（3）自動車運転者

　　自動車運転者については、その業務の特殊性から暦日を単位として休日を付与することが困難であるため、休息期間に24時間を加算して得た労働義務のない時間を休日として取り扱うこととされています（令5.3.31基発0331第49号）。

　　その結果、次の取扱いとなります。

①通常勤務（日勤勤務）の場合には連続した労働義務のない33時間

②隔日勤務の場合には連続した労働義務のない44時間

　　また、休息期間を分割して付与した場合、2人乗務の場合およびフェリーに乗船した場合には、休息期間に24時間を加算しても30時間に満たない場合がありますが、この場合については、休息期間に24時間を加算して得た時間ではなく、連続した30時間の労働義務のない時間を休日として取り扱う（同通達）こととされています。

　　ただし、休日が暦日を単位として付与されている場合であっても、当該時間が上記所定の時間に満たない場合は、休日としての要件を満たさない（同通達）ことから、休日とは認められないこととなります。

　　休息期間の分割とフェリーの取扱いについては、第Ⅳ章と第Ⅴ章で述べます。なお、タクシーについては休息期間の分割は認められていません。

2　年次有給休暇

　年次有給休暇は、暦日が原則です。このため、単なる継続24時間の勤務免除では、年次有給休暇とは認められません。

　自動車運転者については、タクシー業の隔日勤務が典型ですが、1回の勤務で2日分の労働をするものがあります。その場合、年次有給休暇を1労働日と計算するのではなく、午前0時をまたぐこともあって2労働日とする計算をしているのが一般的です。

　これは労使協定によることが基本ですが、あくまで1労働日であることにこだわると、その分の賃金を1労働日分とし、あるいは平均賃金の1日分を支払うことにすることも考えられます。そうなると、必ずしも労働者に有利とはいえないことになります。

労使協定により妥当な結論を得るようにすべきでしょう。現在多くの事業場で行われている「隔日勤務は2労働日」との扱いは、労働基準法上必ずしも不合理とはいえないと解されます。

Q 14

「タコグラフ」とは、どのようなものでしょうか？

A 自動運行記録計といい、道路交通法第63条の2において、その設置が義務付けられています。

同条第1項では、「自動車の使用者その他自動車の装置の整備について責任を有する者又は運転者は、道路運送車両法第3章又はこれに基づく命令の規定により運行記録計を備えなければならないこととされている自動車で、これらの規定により定められた運行記録計を備えていないか、又は当該運行記録計についての調整がされていないためこれらの規定により定められた事項を記録することができないものを運転させ、又は運転してはならない。」と定められています。

そして、その記録を1年間保存しなければならないこととされています（同条第2項）。

「運行記録計を備えなければならないこととされている自動車」は、バス、タクシーと、貨物の運送の用に供する普通自動車（トラック）があります。トラックはこれまで車両総重量が8トン以上または最大積載量が5トン以上のものとされていましたが、平成26年の改正により、車両総重量が7～8トン（最大積載量4～5トン）の事業用貨物自動車に運行記録計の装備が義務付けられました。平成27年4月以降の新車購入時には装備しなければならず、それ以外の車両は平成28年4月以降順次適用されます。

タコグラフに記録されるのは、時間経過における自動車の速度と走行距離です。トラックなどでは、そのほかにエンジンの回転数が記録されるものもあります。これは、運転者の運転技量をみる役割があります。というのは、下手な運転手はアクセルの空ぶかしが多く燃料を余計に消費してしまうので、エンジンの回転数の記録をみることでそれがわかる

というわけです。

　タコグラフは、きちんと読めば、駐車中か、駅で客の順番待ちをしているか（タクシーの場合）、あるいは渋滞中かがわかります。読み取りや解析の仕方については、タコグラフのメーカーからタコグラフ教則本が販売されていますので、そちらをご覧ください。

　なお、近年取付けが進んでいるドライブレコーダーは、運転席から前方の景色等と後方の状況を記録するもので、交通事故発生時やあおり運転をうけた場合等に役立つとされています。

●●交通株式会社　　乗務員日報　　　　確認　確認　確認　確認　(1/1) (2498)

処理日付	車両種別	車両番号	乗務員コード	乗務員氏名	出庫日時	入庫日時
2014/X/XX	小型	000000	000000	労働 太郎	01/27 07:39	01/28 03:26

指数	営業回数	荷扱回数	営走km	全走km	固定迎車	税金指数	走行時間	営走時間	営業時間	男		カード無し営業		基本料金	14,910
入庫	5656	4182	292.9	890.8	2846	1384	677	3895	6068	20		0回		回送料金	16,650
出庫	5635	3997	219.4	675.0	2846	1234	116	3734	5850	女		0円		迎車料金	0
差引	21	185	73.5	215.8	0	150	9:21	2:41	3:28	9		0税		各種料金	-110

							団換合計	0	置換合計	0
指数	陰割	早朝	深割			YAZAC-eye		総営収	31,450
入庫	6029	760	173		実車	空車	ETC料金	現収	29,300
出庫	6018	760	173					余収	2,150
差引	11	0	0		0回	0回	立替合計	税金	1,500
							税抜総営収	29,950

〈迎〉1:迎車 *:カード無　〈備考〉T:チケット M:メンバーズ C:クレジット D:デビット P:プリペイド E:ETC #:立替 O:盤換 S:身障

No.	乗車	降車	乗車地	降車地	経由地	営業km	男	女	合計金額	現収	未収	備考
1	07:53	07:58	神奈川区山下2	神奈川区川上中1		1.7	1		710	710	0	
2	08:01	08:08	神奈川区梅木町	保土ヶ谷区山谷町		2.6	1		1,070	1,070	0	
3	08:24	08:25	保土ヶ谷区川海町	神奈川区幸町5		0.8		1	710	710	0	
4	08:59	09:05	神奈川区北山	神奈川区西谷2		2.8	1		960	960	0	S
5	09:15	09:21	東区ひばりが丘2	東区新町		1.9	1		890	890	0	
6	10:26	10:37	東区北塚	港区大山		3.3	1		1,250	1,250	0	
7	12:07	12:26	港南区新城1	北見区鶴川		4.7		1	1,970	1,970	0	
休	12:48	13:49	北区大手山									
8	14:48	14:52	神奈川区西谷2	神奈川区幸町5		0.9	1		710	710	0	
9	15:32	15:40	保土ヶ谷区山谷町	保土ヶ谷区川海町		2.5		3	1,070	1,070	0	
10	16:24	16:29	神奈川区川上中1	神奈川区梅木町		1.2	1		710	710	0	
11	17:17	17:22	港南区喜田	港北区馬場		2.6	1		980	980	0	
12	17:49	17:56		港南区大山					1,340	1,340		
13	18:19	19:1	港北区本郷	神奈川区南町		5.2		2	,150	0	2,150	C
休	19:45		南区鳥塚									
		21:41	港南区富士見	港北区		2.6	1		980			
19	21:58	22:03	港南区けやき町	南区笹塚4		2.2	1		890	890		
20	22:17	22:24	港南区藤森	港北区山下		2.8	1		1,250	1,250	0	
21	22:43	22:47	港北区大平	港北区新井		1.3	1		710	710	0	
22	23:14	23:23	神奈川区中道	神奈川区北川		3.4	1		1,520	1,520	0	
23	23:50	00:19	神奈川区青葉	保土ヶ谷区岩瀬		13.4	1	1	5,480	0	5,480	C

運輸日報

株式会社○○○
tel: XXX-XXXX

| 運行 | 山田 | 係 | 佐藤 |
| 管理者 | | | |

○年　○月　○日　　車両番号 1239　　運転者　高橋 次郎

事故防止、終日ヘッドライトの点灯
私は、行先を必ず復唱します。

番号	乗車時刻	乗車地	立寄及降車地	人員	料金	摘要
1	7	ベース	栄町	1	1070	
2	8	栄町	双葉町	1	1250	
3		氷川町	東山	1	1520	
4		双葉町	富士見町	2	890	
5		東山	双葉町	1	710	
6	9	千川	東山	1	1970	
7	10	富士見町	高松	1	1250	
8		高松	氷川町	2	2240	
9	11	稲荷山	弥生町	1	800	
10		前野	栄町	1	1160	
11	12	弥生町	栄野	2	1340	
20		大谷町	前野		980	

小計

97.5 50,000

料金内訳
チケット 2440
福祉 2680
障害 △570
その他
現金 86360
合計 92050

メーター指示装置
回数 38700
実車 53360
早朝 4380
小計
割増 92050

整備管理責任印 ㋜

始業時間 午前／午後 7時 00分
終業時間 午前／午後 4時 00分
休憩総時間 　時　分
食事・休憩 11時30分〜12時10分
場所
食事

走行内容／事故内容
日時・氏名・TEL
届出警察

Q 15

「デジタコ」とはどのようなものでしょうか？

A　デジタルタコグラフの略称です。

　タコグラフは、以前はチャート紙と呼ばれる丸い紙を入れてペンにより折れ線グラフで記録していました（アナログ式タコグラフ）が、最近はデジタルタコグラフが主流で、運行記録がメモリーカードに記録され、このカードを会社のパソコンに差すと専用のソフトウェアにより運行状況が自動的に解析されるようになっています。プリントアウトもできます。国土交通省は、デジタコの普及促進を図るとしています。

コラム　　**中抜け**

　タクシー業界では、昼間の基本料金のみの営業を嫌がり、終電後の長距離客で運賃を稼ごうとする運転手がいます。

　このような運転手は、昼間は休息していて営業をせず、午後10時以降に元気を出すのですが、会社としてはあまり歓迎していません。このように勤務時間中であるにもかかわらず勤務をしない行為を業界では「中抜け」と呼んでいます。

　タクシー会社で売上げが多い運転手は、客を降ろしたその場で次の客をつかまえる運転手であり、基本料金だけの営業が多いものです。中抜けの運転手は、1回当たりの売上げの多い客はいるものの、結果的に1カ月の売上げ合計が少ないものです。両者は、タコグラフを見れば、勤務状況が一目瞭然です。

　かつては、会社からの無線が届きにくい場所ということで、運転手同士の情報交換で「あそこが」というのがありました。しかし、最近のタクシーはGPSを積んでいるのが普通で、会社で運行管理者がモニターを見ればどこにいるか一目瞭然のため、中抜けはしにくくなったようです。

≪アナログ式タコグラフ≫

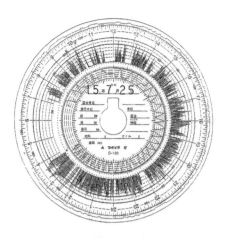

≪デジタルタコグラフ≫

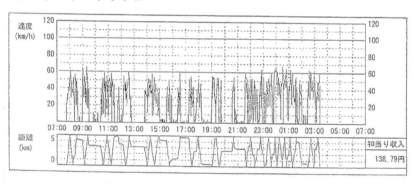

第3節　自動車運転者の健康管理

改善基準は過労運転による交通事故防止のために制定されたと説明しましたが、自動車運転者には、健康管理上どのようなことをしなければならないのでしょうか。本節では、労働安全衛生法を中心に自動車運転者の健康管理に関する事項を説明します。

Q 16

自動車運転者の健康管理については、どのような規制があるのでしょうか？

A 　労働安全衛生法において、雇入れ時の健康診断、定期健康診断その他の事項が定められています。また、国土交通省においても自動車運転者の体調急変による交通事故防止のため、バスやトラック事業者向けの健康管理マニュアルを改定し、乗務前に確認する脳・心臓疾患の予兆チェックリストを示しており、次の7項目について勤務開始時にチェックするように求めています。ただし、改善基準において、直接定めているものはありません。

乗務前に確認する脳・心臓疾患の予兆チェックリスト
□　左胸、左肩から背中にかけて痛みや圧迫感がある。
□　息切れする、呼吸がしにくい。
□　脈が飛ぶ、胸部の不快感、動悸やめまいがある。
□　片方の手足や顔半分に麻痺、しびれがある。
□　言語の障害がある。
□　片方の目が見えない、物が2つに見える。
□　痛い頭痛がある。
注　国土交通省のチェックリストから抜粋したもので、いずれかに該当した場合には、乗務を注意すること。

Q 17

労働安全衛生法において、健康診断については、どのようなことが定められていますか？

A 雇入れ時の健康診断、その後1年以内ごとに1回実施すべき定期健康診断と、実施後の措置が定められています（同法第66条第1項、労働安全衛生規則第43条、第44条）。なお、午後10時から翌朝5時までの勤務を深夜労働といいますが、深夜労働に従事する労働者については、定期健康診断は6カ月以内ごとに1回実施しなければなりません（同規則第45条）。

そして、事業者は次の事項を実施しなければなりません。

1　健康診断の実施（同法第66条）

2　自発的健康診断の結果の提出（同法第66条の2）

3　健康診断の結果の記録（同法第66条の3）

4　健康診断の結果についての医師等からの意見聴取（同法第66条の4）

5　健康診断実施後の措置（同法第66条の5）

6　健康診断の結果の通知（同法第66条の6）

7　保健指導等（同法第66条の7）

8　面接指導等（同法第66条の8）

Q 18

健康診断の実施等について、会社が実施すべき事項が多いのはなぜですか？

A 過重労働による健康障害防止が厚生労働省の行政運営における重点対象事項の1つだからです。

過重労働による健康障害は、長時間労働を原因とする脳血管疾患、虚血性心疾患と精神障害です。

長時間労働が原因でこれらを発症した場合、労災保険では業務上の疾

病として給付の対象としています。運輸・郵便業においては、過労死等のうち脳・心臓疾患の労災支給決定件数が全業種で最も多い業種である（令和3年度：59件（うち死亡の件数は22件））等、依然として長時間・過重労働が課題になっていることが、今回の改正理由のひとつです。

　しかしながら、自動車運転者が高速道路などで走行中に脳・心臓疾患を発症すると、平成26年3月の北陸自動車道での事故のように、周囲を巻き込んで多数の死傷者を出すことにつながります。このため、厚生労働省も国土交通省も、自動車運転者の健康管理については重要な事項として取り組んでいます。

　また、脳・心臓疾患や精神障害が労災保険で業務上災害と認定されると、安全配慮義務違反として労働者側から会社側に対して損害賠償請求が行われることが多く、最近では1億円を超える賠償額の判決が相次いでいます。

　このような状況を踏まえ、厚生労働省では、「過重労働による健康障害防止のための総合対策について」（平18.3.17基発第0317008号、令2.4.1基発0401第11号、雇均発0401第4号により一部改正）を示していますので、これに従った対応をする必要があります。

　近年、パワーステアリングなどにより、トラックやバスの運転も昔と違って重筋労働ではなくなってきました。そのため、運動不足によるいわゆるメタボ体型の自動車運転者が増えています。過労死等の予備軍の多い産業として、労使ともに自覚する必要があります。

　加えて、「心理的負荷による精神障害の認定基準について」（平23.12.26基発1226第1号、最終改正令2.5.29基発0529第1号）において、月160時間を超える時間外労働は、心理的負荷の「強い」要素として判断することとされました。

　改善基準の第1条第3項に、「使用者は、季節的繁忙その他の事情により、法第36条第1項の規定に基づき臨時に労働時間を延長し、又は休日に労働させる場合においても、その時間数又は日数を少なくするように努めるものとする。」とあることにも留意してください。

　なお、平成26年に改正された労働安全衛生法では、メンタルヘルス不調を来した労働者に対し、医師等によるストレスチェック（メンタルヘルスの状況に関するチェック）を行うことが義務付けられました。

Q 19

健康診断は、会社に実施義務があるだけで、労働者には受診義務はないのでしょうか？

A 労働者にも受診義務があります。

労働安全衛生法第66条第5項では、「労働者は、前各項の規定により事業者が行なう健康診断を受けなければならない。ただし、事業者の指定した医師又は歯科医師が行なう健康診断を受けることを希望しない場合において、他の医師又は歯科医師の行なうこれらの規定による健康診断に相当する健康診断を受け、その結果を証明する書面を事業者に提出したときは、この限りでない。」と定めています。

つまり、法定の健康診断項目を自分で受診し、その結果を証明する書面を会社に提出しない限り、会社が実施する健康診断を受診しなければなりません。

Q 20

自分の健康診断の結果を会社に知られたくないのですが、会社が委託する健康診断機関に対し、直接自分宛に結果を送るように要請できるのでしょうか？

A 労働安全衛生法上はできません。労働安全衛生法第66条の6では、「事業者は、第66条第1項から第4項までの規定により行う健康診断を受けた労働者に対し、厚生労働省令で定めるところにより、当該健康診断の結果を通知しなければならない。」と定めています。

また、労働安全衛生規則第51条の4において、事業者は、法第66条第4項または同規則第43条（雇入れ時の健康診断）、第44条（定期健康診断）もしくは第45条から第48条までの健康診断（特定業務従事者の健康診断、海外派遣労働者の健康診断、給食従業員の検便等）を受けた労働者に対し、遅滞なく、当該健康診断の結果を通知しなければならない、と規定しています。

会社（事業者）は、その結果に基づき労働安全衛生法上実施すべき事項が定められていますから、健康診断の結果を健康診断実施機関から入手しなければなりません。

　なお、健康診断の結果は、労働者にとって重要なプライバシー情報ですから、その漏えい防止等について社内での取扱要領が定められていなければなりません。この取扱要領を「健康情報等に関する取扱規程」と呼び、厚生労働省はその策定するための手引をホームページ上で公開しています。

Q 21
健康診断結果の取扱要領とは、どのようなものでしょうか？

A　健康診断の結果は、労働者にとって重要なプライバシー情報ですから、誰もが容易に他人の結果を見ることができるようではいけません。

　そこで、個別のデータを見ることができるのは衛生管理者や産業医などの労働者の健康管理を職務とする者に限定するとともに、これらの者に対する守秘義務を定め、退職後もその漏洩を禁止しておく必要があります。

　また、健康診断の結果に対し、知る権限のない者が見ることのないように禁止する規定と、事案によっては就業規則などに懲戒する旨の規定を設けておく必要があります。

Q 22

A 医師による過労死等の防止措置です。週40時間労働を基準として1カ月に100時間を超える時間外労働を行った労働者から申し出があった場合、事業者は当該労働者に対し医師による面接指導等を行わなければならないこととされています（労働安全衛生法第66条の8、労働安全衛生規則第52条の2〜第52条の7）。

この場合、医師により次の事項についての確認が行われます。

1　当該労働者の勤務の状況

2　当該労働者の疲労の蓄積の状況

3　1、2に掲げるもののほか、当該労働者の心身の状況

そして、この結果の記録を作成し、5年間保存しなければなりません。

当然のことながら、この結果について医師からの意見聴取をし、その結果に基づいて労働時間の短縮等の必要な措置をとらなければなりません。

このことに関連し、産業医の職務の一つとして、該当する労働者に対し面接指導を受けることを「勧奨することができる」と定められています（労働安全衛生規則第52条の3）。

Q 23

長時間労働による脳・心臓疾患が労災保険における業務上の疾病と認められるのは、どのような場合でしょうか？

A 「脳血管疾患及び虚血性心疾患等（負傷に起因するものを除く。）の認定基準について」（令3.9.14基発0914第1号）により、次のように定められています。

1　対象疾患

（1）脳血管疾患

イ　脳内出血（脳出血）

ロ　くも膜下出血

ハ　脳梗塞

ニ　高血圧性脳症

(2) 虚血性心疾患

イ　心筋梗塞

ロ　狭心症

ハ　心停止（心臓性突然死を含む）

ニ　重篤な心不全

ホ　解離性大動脈瘤

2　認定要件

(1) 時間外労働等

イ　週40時間労働を基準として1カ月45時間を超える時間外労働があると、業務起因性が生じます。つまり、仕事が原因と認められる可能性があるとされます。

ロ　次のいずれかの場合、仕事が原因と認められます。

①　発症直前1カ月間に100時間を超える時間外労働等が認められる場合。

②　発症直前2カ月から6カ月を平均して月80時間を超える時間外労働等が認められる場合。

(2) 労働時間と労働時間以外の負荷要因の総合的な評価

労働時間以外の負荷要因において一定の負荷が認められる場合には、労働時間の状況をも総合的に考慮し、業務と発症との関連性が強いといえるかどうかを適切に判断することとしています（同通達）。

その際、労働時間が前記の水準には至らないがこれに近い時間外労働が認められる場合には、特に他の負荷要因の状況を十分に考慮し、そのような時間外労働に加えて一定の労働時間以外の負荷が認められるときには、業務と発症との関連性が強いと評価できることを踏まえて判断されます（同通達）。

ここで、労働時間と労働時間以外の負荷要因を総合的に考慮するに当たっては、労働時間がより長ければ労働時間以外の負荷要因による負荷がより小さくとも業務と発症との関連性が強い場合があり、また、労働時間以外の負荷要因による負荷がより大きければまたは多ければ

労働時間がより短くとも業務と発症との関連性が強い場合があります（同通達）。

　前述の負荷要因とは、次のものをいいます（同通達）。

① 　勤務時間の不規則性
② 　事業場外における移動を伴う業務
③ 　心理的負荷を伴う業務
④ 　身体的負荷を伴う業務
⑤ 　作業環境

　なお、今回の改正においては、短期間（発症前おおむねの1週間）の過重業務についても評価することとされています。

Q 24

過重労働による健康障害防止対策として、労災保険では何か対応策があるのでしょうか？

A 　労災保険では、過重労働による健康障害防止対策として、二次健康診断等給付を行っています。

　これは、定期健康診断等において一定の所見が認められた労働者に対し、労災保険給付として二次健康診断および保健指導を行うものです。

1　給付要件

　二次健康診断等給付を受けることができるのは、労働安全衛生法に基づいて行われる健康診断等のうち、直近のものにおいて次の要件を満たした場合です。

（1）一次健康診断の結果、異常の所見が認められること

　　一次健康診断の結果、次の全ての検査項目について、「異常の所見」があると診断されたときは、二次健康診断等給付を受けることができます。

① 　血圧検査
② 　血中脂質検査
③ 　血糖検査

④　腹囲の検査またはＢＭＩ（肥満度）の測定

　この４項目に、異常の所見が認められる場合（特に複数項目に認められる場合）には、脳・心臓疾患発症の可能性が高いとされています。

　なお、一次健康診断の担当医師により、①から④の検査項目において「異常なし」と診断された場合であっても、労働安全衛生法に基づき事業場に選任されている産業医等が、就業環境等を総合的に勘案し、異常の所見を認めた場合には、産業医等の意見を優先します。

　つまり、産業医等が二次健康診断等給付が適当と認めたときは、給付されるということです。

（2）脳・心臓疾患の症状を有していないこと

　一次健康診断またはその他の健診等で、医師により脳・心臓疾患の症状を有すると診断された場合には、二次健康診断等給付を受けることはできません。治療が必要だからです。この治療は原則として健康保険によります。

（3）労災保険の特別加入者でないこと

　特別加入者とは、労働者ではないもの、すなわち事業主または法人の役員が該当します。これらの方は自己管理が必要とされ、発症は自己責任ですから、二次健康診断等給付の対象とはされていません。

2　二次健康診断等給付の特徴

（1）メリット制の対象外

　労災保険では、一定の規模以上の事業場において、労災保険給付が多くなると労災保険料を増額し、少ない場合には減額するメリット制という制度があります。

　二次健康診断等給付は、過労死等の予防の観点で行うものであり、労災事故を発生させた場合ではないことから、この給付を受けたとしても、メリット制の対象となる労災保険給付としては取り扱われないこととされています。

（2）給付を受ける診療機関の限定

　通常の労災保険給付は、労災指定病院にかかることで受けられますが、二次健康診断等給付は、二次健康診断等給付の指定を受けている診療機関でなければ受けることができません。この指定を受けている診療機関は、通常の労災指定病院より少ないので注意が必要です。

コラム　健康診断を労働者が受診しなかった場合

　労働安全衛生法第66条第5項では、「労働者は、前各項の規定により事業者が行なう健康診断を受けなければならない。ただし、事業者の指定した医師又は歯科医師が行なう健康診断を受けることを希望しない場合において、他の医師又は歯科医師の行なうこれらの規定による健康診断に相当する健康診断を受け、その結果を証明する書面を事業者に提出したときは、この限りでない。」として、労働者の受診義務を定めています。

　あるタクシー会社の運転手は、業務中に具合が悪くなり、病院に搬送されて心筋梗塞で亡くなりました。残業時間などから業務上の疾病として労災保険が支給されることになりました。

　その後ある団体がついて、遺族は会社を相手取り損害賠償請求訴訟を起こしました。その中で、本人は雇入れ時の健康診断の後3年間、定期健康診断を受診していなかったことが判明しました。判決では、本人側の過失相殺として、賠償額を減額したものとなりました。

第Ⅲ章

タクシー業とハイヤー業

タクシー・ハイヤー運転者の改善基準告示

令和6年4月〜適用

日勤	1か月の拘束時間	**288時間以内**
	1日の拘束時間	**13時間以内（上限15時間、14時間超は週3回までが目安）**
	1日の休息期間	**継続11時間以上与えるよう努めることを基本とし、9時間を下回らない**
隔勤	1か月の拘束時間	**262時間以内**（※1） ※1：地域的その他特別な事情がある場合、労使協定により270時間まで延長可（年6か月まで）
	2暦日の拘束時間	**22時間以内、かつ、2回の隔日勤務を平均し1回あたり21時間以内**
	2暦日の休息期間	**継続24時間以上与えるよう努めることを基本とし、22時間を下回らない**
車庫待ち等の自動車運転者（※2）	日勤	1か月の拘束時間：288時間以内（労使協定により1か月300時間まで延長可） 1日の拘束時間：以下の要件を満たす場合、1日24時間まで延長可 　・勤務終了後、継続20時間以上の休息期間を与える 　・1日16時間超が1か月について7回以内 　・夜間4時間以上の仮眠時間を与える（18時間超の場合） 　※2：車庫待ち等の自動車運転者とは、次の要件を満たす者をいう。 　　・事業場が人口30万人以上の都市に所在していないこと 　　・勤務時間のほとんどについて「流し営業」を行っていないこと 　　・夜間に4時間以上の仮眠時間が確保される実態であること 　　・原則として、事業場内における休憩が確保される実態であること
	隔勤	1か月の拘束時間：262時間以内（労使協定により1か月270時間まで延長可） 　　　　　　　　（さらに、※3の要件を満たす場合、10時間を加えた時間まで延長可） 2暦日の拘束時間：※3の要件を満たす場合、24時間まで延長可 　※3：・2暦日22時間以内及び2回の隔日勤務の平均が21時間超の回数が 　　　　　1か月について7回以内 　　　・夜間4時間以上の仮眠時間を与える
予期し得ない事象		予期し得ない事象への対応時間を、1日と2暦日の拘束時間から除くことができる（※4,5） 勤務終了後、休息期間（1日勤務：継続11時間以上、2暦日勤務：継続24時間以上）が必要 　※4：予期し得ない事象とは、次の事象をいう。 　　・運転中に乗務している車両が予期せず故障したこと 　　・運転中に予期せず乗船予定のフェリーが欠航したこと 　　・運転中に災害や事故の発生に伴い、道路が封鎖されたこと又は道路が渋滞したこと 　　・異常気象（警報発表時）に遭遇し、運転中に正常な運行が困難となったこと 　※5：運転日報上の記録に加え、客観的な記録（公的機関のHP情報等）が必要。
休日労働		休日労働は2週間に1回を超えない、休日労働によって拘束時間の上限を超えない
累進歩合制度		累進歩合制度は廃止する （長時間労働やスピード違反を極端に誘発するおそれがあり、交通事故の発生も懸念されるため）
ハイヤー		・労使当事者は、36協定の締結にあたり、以下の事項を遵守すること 　→　時間外労働時間は、1か月45時間、1年360時間まで 　→　臨時的特別な事情で限度時間を超えて労働させる場合にも、1年960時間まで ・36協定において、時間外・休日労働時間数をできる限り短くするよう努めること ・疲労回復を図るために必要な睡眠時間を確保できるよう、勤務終了後に一定の休息期間を与えること

（注1）改善基準告示とは、「自動車運転者の労働時間等の改善のための基準」（平成元年労働省告示第7号）をいう。

（注2）本資料は、令和4年厚生労働省告示第367号による改正後の改善基準告示のほか、関連通達（令和4年基発1223第3号）の内容を含めて作成したもの。令和6年4月1日から適用される。

2023.3

概　説

　改善基準では、対象を「一般乗用旅客自動車運送事業」についてと「一般乗用旅客自動車運送業以外の旅客自動車運送事業」に分けています。前者がタクシー業とハイヤー業です。

　本章では、タクシー業とハイヤー業における改善基準の規定について説明します。

第1節　タクシーとハイヤー

　本節では、タクシーとハイヤーの違い、それぞれに対する改善基準の内容等について説明します。

Q1
タクシーとハイヤーの違いは、何でしょうか？

　A ハイヤー運賃の認可を受けたものがハイヤーです。そうでないものがタクシーです。

1　ハイヤー

　ハイヤーとは、一般乗用旅客自動車運送事業の用に供せられる自動車であって、当該自動車による運送の引受けが営業所のみにおいて行われるものをいいます（改善基準第2条第5項）。

　具体的には、地方運輸局長からハイヤー運賃の認可を受けたものがハイヤーです。ハイヤー運賃の認可は、札幌市、千葉市、東京都、横浜市、名古屋市、京都市、奈良市、大阪市、神戸市、広島市および那覇市を中心とする11地区だけです。それ以外の地域にハイヤーは存在しません。

　一般的には、ハイヤーは黒塗り、青ナンバーで3ナンバーのものがほとんどです。しかも自動車の屋根にタクシーのような社名表示灯（俗称「あんどん」）がありません。走行途中で客を拾うこともありません。

このような営業形態の違いから、改善基準の内容は、ハイヤーとタクシーで異なります。ハイヤーについては、本章Q14を参照してください。

2　タクシー

　タクシーは、一般乗用旅客自動車運送事業の用に供せられる自動車であって、当該自動車による運送の引受けが営業所以外の場所でも認められているものです。タクシーの車両は、青ナンバーで社名表示灯があります。客を乗せているときは、社名表示灯を消灯しています。一般的に、個人タクシーを除き3ナンバーはありません。また、基本料金が少し安い「小型」という区分があります。

　燃料はガソリンではなくプロパンガスが主流ですが、近年はハイブリッドカーのほうが燃料代が安いということから、ハイブリッドカーの利用が増えているようです。また、交通事故防止のため、昼間でもヘッドライトを点灯している車両もあります。

　タクシーの営業形態は、大別して「流し」と「駅待ち・車庫待ち」の2形態です。ただし、有名観光地やバスなどの本数があまりない地方の観光地などでは、貸切営業というものがあり、観光客との個別交渉等で、走行距離に関係なく「1台に付き1日○○○円」あるいは「乗客1人1日○○円」といった営業をすることもあります。

Q2

流しと駅待ち・車庫待ちの違いは、何でしょうか？

 　都市部と地方都市との違いがまずあります。

1　流し

　流しとは、道路上を走行しながら、客が手を上げて乗る意思を示したときに停車して営業する形態です。いつ客がつかまるかわからない形態のため、人口の少ない地域では成立しません。燃料代が無駄になるからです。地域により会社として流し営業を禁止しているところもあります。

　もっとも、流しだけで十分な顧客が得られるとは限りませんから、時として主要なターミナル駅等のタクシー乗り場で客待ちをすることもあ

ります。自動車運転者によっては、営業エリアにおけるイベント等をあらかじめチェックしておき、その開始時刻にあわせるように駅待ちをするなどの努力をしている人もいます。

　また、無線を備えていますから、営業所に入った電話等についての連絡を受け、その場所に出向く（迎車）こともあります。この場合は、一般的に迎車料金が加算されます。

2　駅待ち・車庫待ち（車庫待ち等）

　地方都市など人口の少ない地域では、ひっきりなしに顧客があるとは限りません。そこで、普段は会社の車庫等で待機し、顧客からの電話連絡を受けてから指定場所に出向く営業形態をとります。温泉地などが典型です。

　また、駅で客を待っていても、列車の本数が少ない場合には待つこと自体が無駄ですから、普段は車庫等で待機していて列車到着時にのみ駅に行って営業することになります。列車到着後しばらく待ち、客がいなくなったと判断すれば車庫等に戻ります。

　このような営業形態が「駅待ち・車庫待ち」（以下「車庫待ち等」といいます）と呼ばれるものです。流しに比べると運転時間が短く、営業所において休息がとれること、しかも一般的には交通量が少ない地域であることから、業務の緊張度が低いため、改善基準では拘束時間の基準が少し緩くなっています。

Q 3
個人タクシーの場合、改善基準は適用されるのでしょうか？

A 　個人タクシーは自動車運転者が社長を兼ねているもので、個人事業主です。労働基準法上の労働者ではありませんから、改善基準は適用されません。

　しかしながら、第1章で述べましたように、個人タクシーといえども国土交通省の所管法令の適用を受けます。道路運送法および貨物自動車運送事業法等の関連法令に基づき、旅客自動車運送事業者および貨物自動車運送事業者は、運転者の過労防止等の観点から、国土交通大臣が告示で定める基準に従って、運転者の勤務時間および乗務時間を定め、当該運転者にこれらを遵守させなければならない旨の規定が設けられており、その基準として、改善基準告示が引用されています。当該規定は、個人事業主等である運転者にも適用され、実質的に改善基準告示の遵守が求められるものであることから、これらの事業者等の関係者は、このことに留意する必要があります（令4.12.23 基発 1223 第3号）。

第2節　労働時間管理

　改善基準は、基本的に拘束時間で規制しています。本節では、その拘束時間と労働基準法における労働時間との関係を中心に説明します。

Q 4
流しと車庫待ち等の場合、拘束時間の基準はそれぞれどのようになっていますか？

A 　詳細は 96 ページの図表をご覧ください。
　なお、ここでいう「1日」とは、始業時刻から起算して 24 時間をいいます。

隔日勤務の場合の「地域的その他特別の事情がある場合」とは、たとえば大都市部における顧客需要の一時的な増加であるとか、地方都市における顧客需要の状況といったことを指しています。万国博覧会やオリンピックの開催などがその典型例です。

Q5

隔日勤務と日勤勤務は、どのように違うのでしょうか？

　A　隔日勤務とは、都市部での最大拘束時間が2暦日で22時間の勤務のことであり、出勤日の翌日は明け番といって勤務のない日です。一般的には2日分の労働を1回で行うものです。

　これに対し、日勤勤務は、流しをしない地方での車庫待ち等の勤務で採用されている勤務形態です。すなわち、1日8時間前後の勤務が主で、早番、中番、遅番といった交替勤務で営業時間帯をカバーするもので、週休2日制で毎日出勤する勤務形態です。

　また、隔日勤務が中心の会社でも、朝の出勤時間帯や、夕方等その地域において顧客が多いと見込まれる時間帯に、日勤勤務者を当てて走行台数を増やしている会社もあります。最近は、女性ドライバー等で日勤勤務をしている例も少なくありません。

　隔日勤務と日勤勤務では、1カ月の拘束時間（合計時間）に差があります。詳細は96ページの図表を参照してください。

Q6

日勤勤務と隔日勤務を混ぜた勤務は可能でしょうか？

　A　可能ですが、条件があります。
　改善基準は、日勤勤務と隔日勤務でそれぞれ1日と1カ月の拘束時間の限度を違うものとしています。そのため、ある日は日勤勤務、またある日は隔日勤務という勤務形態は認められません。

通達では、「日勤勤務と隔日勤務を併用して頻繁に勤務態様を変えることは、労働者の生理的機能への影響に鑑み認められない。したがって、日勤勤務と隔日勤務を併用する場合には、制度的に一定期間ごとに交替させるよう勤務割を編成しなければならない。」（令4.12.23基発1223第3号）としています。

　ここでいう「一定期間」は、拘束時間の限度が定められている1カ月と解するのが妥当と考えられます。

　なお、隔日勤務の場合の休日労働において、通常の隔日勤務より短い勤務時間の設定まで禁じているわけではありません。

コラム　こうばんひょう

　「こうばんひょう」と聞いてどのような漢字を思い浮かべるでしょうか。正しくは「香盤表」です。

　香盤表とは、元々はお芝居の世界の用語です。役者の人数に限りがあるため、脇役などを1人で何役もこなすことがあります。また、主役もダブルキャストだったりして、日によって役者の役が変わることもあります。これを公演期間中の出演日ごとに示したのが香盤表です。役者は、「今日は誰の役を演じるか」を確認して舞台に立つわけです。

　そこから転じて、タクシー業界では、何号車にいつ誰が乗るかをあらかじめ示した勤務表を作っておき、これを香盤表と呼んでいます。

　タクシーは、隔日勤務の場合には、1台の車を2人の正ドライバーが担当し、休日や休暇等の場合には、他のドライバーが代役を務めます。採用後間がないドライバーは代役専門のことがあり、業界では「スペア」と呼んでいます。

Q 7

仮眠時間をとらせる場所等に、制限はあるのでしょうか?

A 仮眠時間は自動車運転者の疲労回復を目的としていますから、事業場内に設けられた仮眠施設または同程度の施設を確保した上で、仮眠をとらせる必要があります。

事業場内や車内においてとらせるような場合には、ここでいう仮眠とは認められないとされています。

なお、都市部などでは必ずしもマイカー通勤ができないため、勤務終了後に社内で仮眠をとった後、早朝に電車等で帰宅する例も少なくありません。そのため、それなりの仮眠施設を設けている会社が一般的です。

法令上直接の規定はありませんが、枕カバーやシーツの交換、布団の天日干しなどが必要です。

Q 8

改正された改善基準に「予期し得ない事象への対応時間」について、拘束時間から除くことができるとされていますが、予期し得ない事象とはどのような場合をいうのでしょうか? また、それについてどのような対応をすべきでしょうか?

A まず、「予期し得ない事象への対応時間」とは、次の(ア)(イ)の両方の要件を満たす時間をいいます(令 4.12.23 基発 1223 第 3 号)。

(ア)通常予期し得ない事象として局長が定めるものにより生じた運行の遅延に対応するための時間であること(第 1 号)。

「局長が定める」事象とは、次のいずれかの事象をいうこと。

a 運転中に乗務している車両が予期せず故障したこと。

b 運転中に予期せず乗船予定のフェリーが欠航したこと。

c 運転中に災害や事故の発生に伴い、道路が封鎖されたことまたは道路が渋滞したこと。

d 異常気象(警報発表時)に遭遇し、運転中に正常な運行が困難と

なったこと。

当該事象は、「通常予期し得ない」ものである必要があり、例えば、平常時の交通状況等から事前に発生を予測することが可能な道路渋滞等は、これに該当しません。

（イ）客観的な記録により確認できる時間であること（第2号）。

次のaの記録に加え、bの記録により、当該事象が発生した日時等を客観的に確認できる必要があり、aの記録のみでは「客観的な記録により確認できる時間」とは認められません。

a　運転日報上の記録

・対応を行った場所

・予期し得ない事象に係る具体的事由

・当該事象への対応を開始し、および終了した時刻や所要時間数

b　予期し得ない事象の発生を特定できる客観的な資料

遭遇した事象に応じ、例えば次のような資料が考えられること。

（a）修理会社等が発行する故障車両の修理明細書等

（b）フェリー運航会社等のホームページに掲載されたフェリー欠航情報の写し

（c）公益財団法人日本道路交通情報センター等のホームページに掲載された道路交通情報の写し（渋滞の日時・原因を特定できるもの）

（d）気象庁のホームページ等に掲載された異常気象等に関する気象情報等の写し

次に、以上のような事象が発生した場合には、その対応時間は拘束時間から除くことができますが、この場合において、予期し得ない事象への対応時間により、1日の拘束時間が最大拘束時間を超えた場合、勤務終了後、1日の勤務の場合には「継続11時間以上」、2暦日の勤務の場合には「継続24時間以上」の休息期間を与えることが必要です（同通達）。

当該例外的な取扱いは、タクシー運転者については、1日または2暦日の拘束時間の規定の適用に限ったものであり、1箇月の拘束時間等の改善基準告示の他の規定の適用に当たっては、予期し得ない事象への対応時間を除くことはできません。また、予期し得ない事象への対応時間は、休憩に該当しない限り、労働時間として取り扱う必要があることは

いうまでもありません。その結果、「時間外労働及び休日労働に関する協定届（36協定届）」の協定内容を超える労働時間が生じた場合には、労働基準法第33条の規定による届出が必要です。

例外や適用除外と労働基準法上の追加手続については、第Ⅵ章を参照してください。

Q 9

改善基準に定める拘束時間の限度を踏まえた場合、時間外労働等の時間はどのように設定すればよいのでしょうか？

A 勤務形態ごとに1日と1カ月の拘束時間の限度とで分けて説明しましょう。

1　日勤勤務

（1）車庫待ち等以外（流し）の場合

日勤勤務の1カ月288時間というのは、

1日13時間×22乗務

の計算です。

1日の法定労働時間が8時間で休憩を1時間とすれば、拘束時間は9時間ですから、

13時間－9時間＝4時間

となり、1日の時間外労働の限度は4時間となります。

そして、1カ月では、

4時間×22乗務＝88時間

となります。これに2時間足して90時間が限度となります。この2時間は最初の式（13時間×22乗務）の残りです。これが、「時間外労働及び休日労働に関する協定届」の1カ月における時間外労働の上限となる時間です。

なお、28日の月は20乗務のため、

288時間－9時間×20乗務＝108時間

となり、大の月より日数が少ない分、時間外労働および休日労働の枠

が増えます。

(2) 車庫待ち等の場合

　車庫待ち等であり、かつ、労使協定がある場合の300時間で同じ
ように計算していきます。288時間との差は12時間ですから、1乗
務当たり32分増やすことができます。

　すなわち、1日の時間外労働の限度は4時間半で、1カ月では約
99時間となります。

2　隔日勤務

(1)　1カ月262時間の場合

　ア　31日の月

　　隔日勤務の場合、第Ⅰ章で説明したように31日の月で11乗務
可能ですから、1カ月の拘束時間262時間について、11乗務で考
えてみましょう。

　　1乗務の労働時間が16時間で休憩時間が2時間だと、拘束時間
は18時間となります。1乗務の最大拘束時間は22時間ですから、
1乗務における時間外労働は、その差の4時間ということになりま
す。しかし、2回の平均が21時間以内ですから、1カ月の限度は
3時間×11乗務で33時間となります。

　　車庫待ち等の勤務形態の場合であって、前述の要件を満たしてい
る場合には、1乗務の拘束時間を24時間までとすることができま
す。そうすると、

　　　262時間÷11乗務－18時間≒5時間49分

の計算から、1乗務における時間外労働の限度は5時間49分であ
り、1カ月の限度はその11倍である63時間59分となります。

　　なお、一定の要件を満たした場合に、さらに8時間加算できます
が、同様の計算で算出することとなります。

　イ　28日の月

　　次に、28日の月では10乗務となります。

　　　262時間－（18時間×10乗務）＝82時間

という計算から、時間外労働と休日労働の総合計は、1カ月に82
時間まで可能となります。

(2)　1カ月270時間の場合

（1）と同様の計算から、

　　270 時間÷ 11 乗務－ 18 時間≒ 6 時間 32 分

となり、1 乗務における時間外労働の限度は 6 時間 32 分であり、1
カ月の限度はその 11 倍である 71 時間 52 分となります。

　これは、労使協定を締結することが要件であり、しかも 1 年のうち
6 カ月までとされていることに注意が必要です。

（3）31 日の月以外の月における時間外労働の限度

　1 カ月の日数が 30 日以下の場合であっても、拘束時間の限度は（1）
の場合と（2）の場合ともに変わりません。

　ということは、勤務回数が少ない分だけ所定労働時間が少なくなり
ますから、時間外労働と休日労働の枠が広がることになります。この
ため、その分を見込んだ「時間外労働及び休日労働に関する協定届」
を締結して届け出ておくことが可能です。

　たとえば、30 日の月は勤務数が隔日勤務で 10 乗務となりますが、
拘束時間は 262 時間で変わらないからです。

　協定オーバーは労働基準法違反になりますから、1 年間で最も長い
時間外労働時間数を 1 カ月の限度時間として記載した上で、次に述べ
る必須条項を入れることになります。

3　協定書の必須条項

　上記の条件に従った限度時間を算出し、「時間外労働及び休日労働に
関する協定届」を労働基準監督署に提出します。その際、協定書そのも
のを添付することとされています。

　協定書には、時間外労働に関して次の一文が必要です。

　自動車運転者については、前項の規定により時間外労働を行わせ
ることによって「自動車運転者の労働時間等の改善のための基準」
（以下「改善基準告示」という。）に定める 1 カ月についての拘束時
間及び 1 日についての最大拘束時間の限度を超えることとなる場合
においては、当該拘束時間の限度をもって、前項の時間外労働の限
度とする。

　労働基準監督署の受付窓口では、これがあるかどうかをチェックし、
ない場合には入れるよう行政指導が行われます。

Q 10

駅待ち・車庫待ち等の場合、労働基準法第 41 条に規定する監視または断続的労働の許可対象にはならないのでしょうか？

A 許可対象にはなりません。

タクシー運転手について、「タクシー運転手であつて実働時間が 3 時間から 5 時間程度であるものの取り扱いについては断続的労働として認められるか」との質問に対し、労働省（当時）労働基準局長は、「タクシー運転は相当の精神的緊張を要する業務であり、断続的労働として許可すべきものではない」（昭 23.4.5 基収第 1372 号）としています。

また、タクシー運転の業務は監視業務ではありませんから、同法第 41 条に規定する監視労働にも該当せず、申請しても許可されません。

コラム　　タクシーの料金メーター

タクシーが目的地で停車した瞬間にメーターが上がったというご経験のある方もいらっしゃるでしょう。損をした気分になり腹立たしいかもしれませんが、運転手には何の罪もないのです。

タクシーの料金メーターは、運輸行政が精密な検査をした上で封印をしています。このため、運転手も会社も触ることができません。ですから、止まった瞬間に上がっても、笑顔で料金を支払いましょう。

なお、料金認可の際に、初乗りは何メートルまでいくらで、その後は何メートル毎にいくら上がるということが定められていて、料金メーターは、スピードメーターのところにある走行距離計とは別に、より精密な距離計を内蔵しており、これで走行距離を測っています。

Q 11
休日労働の限度というものはあるのでしょうか？

A 回数の制限があります。

休日労働は、2週間に1回を限度とし、1カ月についての拘束時間の限度内でのみ行わせることができます（改善基準第2条第4項）。また、休日労働の場合であっても、当該休日における勤務と前後の勤務との間には、それぞれ所定の休息期間が必要です。

隔日勤務の場合の休日労働は、2日分をまとめて行うものです。次のような形の休日労働は、「2週間を通じ1回を限度とする」との基準に該当する休日労働として認められています（平9.3.11基発第143号、最終改正平14.3.26基発第0326010号）。

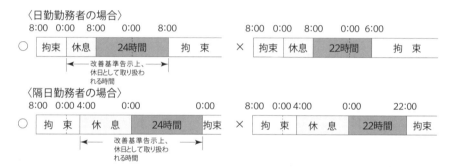

Q 12
連勤とはどのようなものでしょうか？

A 隔日勤務の場合、勤務の翌日は明け番といって勤務がない日なのですが、この明け番に勤務させることを連勤といい、改善基準では禁止されています。

隔日勤務者の休息期間は、勤務終了後「継続24時間以上与えるよう努めることを基本とし、継続22時間を下回らない」ものとされています（改善基準第2条第2項第4号）。

この休息期間については、その「重要性に加え、隔日勤務については2労働日の勤務を一勤務にまとめて行うため自動車運転者の身体的負担

を伴うものであること等を踏まえ、休息期間について「継続24時間以上」与えるよう努めることが原則であることを示すとともに、下限を2時間延長し、「継続22時間」としたものです。

労使当事者にあっては、このことを踏まえ、単に休息期間の下限「22時間」を遵守するにとどまらず、「継続24時間以上」の休息期間が確保されるよう自主的な改善の取組を行うことが特に要請されるものであること。」（令4.12.23基発1223第3号）とされており、事実上明け番での就労を禁じています。

連勤を禁止しているのは、勤務による疲労度が高く、交通事故等につながりやすく、脳・心臓疾患を発症しやすいからです。

Q 13

時間外労働と休日労働とがありますが、1カ月の拘束時間の限度はどのように考えればよいのでしょうか？

A 改善基準では、1カ月の拘束時間の合計が規制されています。これは、時間外労働も休日労働も含めたものですから、時間外労働が増えれば休日労働を行わせることはできなくなり、休日労働を行わせれば時間外労働を行わせる枠が減っていきます。

そのため、モデル36協定書の文例の中に、「自動車運転者については、前項の規定により休日労働を行わせることによって、改善基準告示に定める1箇月についての拘束時間及び1日についての最大拘束時間の限度を超えることとなる場合においては、当該拘束時間の限度をもって、前項の休日労働の限度とする。」との1項目が入っています。

労働基準監督署では、「時間外労働及び休日労働に関する協定届」の提出を受けた場合、この一文が入っているかどうかを点検し、入っていない場合には受理をせず、この一文を入れるよう指導しています。

その結果、改善基準違反が生じると、36協定超過という労働基準法違反になるのです。

Q 14

ハイヤーの時間外労働の限度は、どのように考えればよいのでしょうか？

A 改善基準において、ハイヤーの時間外労働については、タクシーの基準は適用せず（改善基準第2条第5項）、別途限度時間が定められており（同第3条）、それに従って労使協定を締結し、所轄労働基準監督署長に届け出る必要があります（新労基法第36条第4項、第5項）。

限度時間は次の表のとおりです。

一定期間	目安時間
1カ月	45時間
1年間	360時間 （臨時的な特別な事情がある場合、労使協定により960時間まで延長可）
備考　右欄に掲げる時間は、労働基準法第32条から第32条の4までの規定により、労働させることができる最長の労働時間を超えて延長することができる時間である。	

休日労働については、特に制限が定められていませんから、労使協定に定める回数となります。

ハイヤーの乗務員は、2日勤務して3日目を非番とする勤務体系（2勤1休）制で働くものが多く見られます。ここで「休」とあるのは、非番もしくは明け番であって、休日ではありません。

この場合において、1日目の勤務終了時刻と2日目の勤務開始時刻との間が、かなり短い事案がときどき見られます。

改善基準では、「使用者は、ハイヤーに乗務する自動車運転者が疲労回復を図るために、十分な睡眠時間を確保できるよう、勤務終了後に一定の休息期間を与えなければならない。」（改善基準第3条第3項）としています。

これは、「自動車運転者の睡眠時間の確保による疲労回復の観点から、勤務終了後に一定の休息期間を与えなければならないことを新たに規

定したこと。ハイヤー運転者は、タクシー運転者に比べて、一層柔軟に顧客の需要に対応する必要がある場合があり、休息期間の下限時間を定めることが困難であることから、「一定の休息期間」としたものであるが、当該規定に基づき、使用者は、ハイヤー運転者の各々の勤務の実態に即した適切な時間の休息期間を勤務終了後に与える必要がある」（令4.12.23 基発 1223 第 3 号）ことによっています。

コラム　　回数と爾後回数

　タクシーの運転日報（81 ページ参照）には、「回数」と「爾後回数」を書く欄があります。

　「回数」とは、運賃メーターを倒した回数、すなわち客を乗せた回数で、営業回数のことです。

　「爾後回数」とは、客を乗せた後、メーターが上がった回数です。略して「爾後」とも呼ばれます。

　1 日の仕事が終わり、洗車をして車庫に帰ったときに、運転手は運転日報を配車係に渡しますが、基本料金×回数＋メーター料金×上がった回数（爾後回数）が、その日の総売上げです。いずれも料金メーターの数字から出します。そして、出庫前に預かったおつり分との合計を会社に提出して勤務終了となります。これを「納金」と呼んでいます。

Q 15

時間外労働及び休日労働に関する協定届のモデルは、どうなっていますか？

A 厚生労働省から、次のモデルが示されていますので、これに従って労使協定を締結し、労働基準監督署に届け出てください。

（参考）１箇月の拘束時間の延長に関する協定書（例）
（車庫待ち等の日勤勤務のタクシー運転者）

　○○タクシー株式会社代表取締役○○○○と○○タクシー労働組合執行委員長○○○○（○○タクシー株式会社労働者代表○○○○）は、「自動車運転者の労働時間等の改善のための基準」第２条第１項第１号ただし書の規定に基づき、拘束時間に関し、下記のとおり協定する。

記

1　本協定の適用対象者は、日勤勤務に就くタクシー運転者であって、かつ、顧客の需要に応ずるため常態として営業所（又は○○駅）において待機する就労形態のものとする。

2　１箇月の拘束時間は下の表のとおりとする。なお、各月の起算日は１日とする。

4月	5月	6月	7月	8月	9月	10月	11月	12月	1月	2月	3月
300時間	288時間	295時間	288時間	295時間	288時間	288時間	295時間	295時間	300時間	288時間	295時間

3　本協定の有効期間は、○年４月１日から○年３月31日までとする。

　　○年○月○日

以上

　　　　　○○タクシー労働組合執行委員長　○○○○　印
　　　　（○○タクシー株式会社労働者代表　○○○○　印）

　　　　　○○タクシー株式会社代表取締役　○○○○　印

（参考）1箇月の拘束時間の延長に関する協定書（例）
（隔日勤務のタクシー運転者）

　○○タクシー株式会社代表取締役○○○○と○○タクシー労働組合執行委員長○○○○（○○タクシー株式会社労働者代表○○○○）は、「自動車運転者の労働時間等の改善のための基準」第2条第2項第1号ただし書の規定に基づき、拘束時間に関し、下記のとおり協定する。

記

1　本協定の適用対象者は、隔日勤務に就くタクシー運転者とする。

2　地域的事情その他の特別の事情がある場合、1箇月の拘束時間は下の表のとおりとする。
　各月の起算日は1日とする。

4月	5月	6月	7月	8月	9月	10月	11月	12月	1月	2月	3月
270時間	262時間	265時間	265時間	262時間	262時間	262時間	262時間	267時間	270時間	262時間	267時間

3　本協定の有効期間は、○年4月1日から○年3月31日までとする。

4　本協定に定める事項について変更する必要が生じた場合には、14日前までに協議を行い、変更を行うものとする。

　○年○月○日

以上

　　　　　　　　　○○タクシー労働組合執行委員長　　○○○○　　印
　　　　　　　　（○○タクシー株式会社労働者代表　　○○○○　　印）

　　　　　　　　　○○タクシー株式会社代表取締役　　○○○○　　印

（参考）1箇月及び2暦日の拘束時間の延長に関する協定書（例）
（車庫待ち等の隔日務勤のタクシー運転者）

　　○○タクシー株式会社代表取締役○○○○と○○タクシー労働組合執行委員長○○○○（○○タクシー株式会社労働者代表○○○○）は、「自動車運転者の労働時間等の改善のための基準」第2条第2項第3号の規定に基づき、拘束時間に関し、下記のとおり協定する。

記

1　本協定の適用対象者は、隔日勤務に就くタクシー運転者であって、かつ、顧客の需要に応ずるため常態として営業所（又は○○駅）において待機する就労形態のものとする。

2　1箇月の拘束時間は下の表のとおりとする。なお、各月の起算日は1日とする。

4月	5月	6月	7月	8月	9月	10月	11月	12月	1月	2月	3月
270時間	262時間	268時間	262時間	268時間	262時間	262時間	268時間	268時間	270時間	262時間	268時間

3　2暦日の拘束時間に関し、22時間を超える回数及び2回の隔日勤務を平均し隔日勤務1回当たり21時間を超える回数の合計は、1箇月について5回以内とする。また、夜間4時間以上の仮眠を与えることとする。

4　上記3を満たす場合において、2暦日の拘束時間を24時間まで延長するものとする。
　　また、この場合において、1箇月の拘束時間は、下の表のとおり、上記2の表の各月に10時間を加えた時間とする。

4月	5月	6月	7月	8月	9月	10月	11月	12月	1月	2月	3月
280時間	272時間	278時間	272時間	278時間	272時間	272時間	278時間	278時間	280時間	272時間	278時間

5　本協定の有効期間は、○年4月1日から○年3月31日までとする。

　　○年○月○日　　　　　　　　　　　　　　　　　　　　　　　　　　　　以上

　　　　　　　　　　　○○タクシー労働組合執行委員長　　○○○○　　印
　　　　　　　　　　　（○○タクシー株式会社労働者代表　　○○○○　　印）

　　　　　　　　　　　○○タクシー株式会社代表取締役　　○○○○　　印

様式第9号の3の4（第70条関係）

時間外労働 / 休日労働 に関する協定届

労働保険番号 ☐☐｜☐☐☐｜☐☐｜☐☐☐☐☐☐｜☐☐☐｜☐
法人番号 ☐☐☐☐☐☐☐☐☐☐☐☐☐

事業の種類	事業の名称	事業の所在地（電話番号）	協定の有効期間
一般乗用旅客自動車運送事業（タクシー）	○○タクシー株式会社　○○支店	（〒○○○－○○○○）○○府○○市1－2－3　（電話番号：○○○－○○○－○○○○）	○○○○年4月1日 から1年間

時間外労働

	時間外労働をさせる必要のある具体的事由	業務の種類	労働者数（満18歳以上の者）	所定労働時間（1日）（任意）	延長することができる時間数					
					1日		1箇月（①については45時間まで、②については42時間まで）		1年（①については360時間まで、②については320時間まで）起算日（年月日）○○○○年4月1日	
					法定労働時間を超える時間数	所定労働時間を超える時間数（任意）	法定労働時間を超える時間数	所定労働時間を超える時間数（任意）	法定労働時間を超える時間数	所定労働時間を超える時間数（任意）
① 下記②に該当しない労働者	季節的繁忙及び顧客の需要に対応するため	自動車運転者（タクシー）	20人	7.5時間	5時間	5.5時間	45時間	55時間	360時間	410時間
	一時的な道路事情の変化等に対処するため	運行管理者	3人	7.5時間	5時間	5.5時間	45時間	55時間	360時間	410時間
② 1年単位の変形労働時間制により労働する労働者	季節的繁忙及び顧客の需要に対応するため	自動車整備士	3人	7.5時間	3時間	3.5時間	42時間	52時間	320時間	370時間
	季節的繁忙及び顧客の需要に対応するため	配車事務員	5人	7.5時間	2時間	2.5時間	20時間	30時間	200時間	320時間

休日労働

休日労働をさせる必要のある具体的事由	業務の種類	労働者数（満18歳以上の者）	所定休日（任意）	労働させることができる法定休日の日数	労働させることができる法定休日における始業及び終業の時刻
季節的繁忙及び顧客の需要に対応するため	自動車運転者（タクシー）	20人	毎週2回	法定休日のうち、2週を通じて1回	9:00～23:00
季節的繁忙及び顧客の需要に対応するため	運行管理者	3人	毎週2回	法定休日のうち、4週を通じて2回	9:00～23:00

上記で定める時間数にかかわらず、時間外労働及び休日労働を合算した時間数は、1箇月について100時間未満でなければならず、かつ2箇月から6箇月までを平均して80時間を超過しないこと ☑（チェックボックスに要チェック）

（注）業務に従事する労働者は除く。

協定の成立年月日　○○○○年　3月　12日

協定の当事者である労働組合（事業場の労働者の過半数で組織する労働組合）の名称又は労働者の過半数を代表する者の　職名　労務担当事務員　氏名　山田　花子　［又は　○○タクシー労働組合］

協定の当事者（労働者の過半数を代表する者の場合）の選出方法（　投票による選挙　）

上記協定の当事者である労働組合が事業場の全ての労働者の過半数で組織する労働組合である又は上記協定の当事者である労働者の過半数を代表する者が事業場の全ての労働者の過半数を代表する者であること。☑（チェックボックスに要チェック）

上記労働者の過半数を代表する者が、労働基準法第41条第2号に規定する監督又は管理の地位にある者でなく、かつ、同法に規定する協定等をする者を選出することを明らかにして実施される投票、挙手等の方法による手続により選出された者であって使用者の意向に基づき選出されたものでないこと。☑（チェックボックスに要チェック）

○○○○年　3月　15日

使用者　職名　代表取締役　氏名　田中　太郎

○○　労働基準監督署長殿

時間外労働及び休日労働に関する協定書（例）

　　○○タクシー株式会社代表取締役○○○○（以下「甲」という。）と○○タクシー株式会社労働者代表○○○○（○○タクシー労働組合執行委員長○○○○）は、労働基準法第36条第1項の規定に基づき、労働基準法に定める法定労働時間（1週40時間、1日8時間）を超える労働及び変形労働時間制の定めによる所定労働時間を超える労働時間で、かつ1日8時間、1週40時間の法定労働時間又は変形期間の法定労働時間の総枠を超える労働（以下「時間外労働」という。）並びに労働基準法に定める休日（毎週1日又は4週4日）における労働（以下「休日労働」という。）に関し、次のとおり協定する。

第1条　甲は、時間外労働及び休日労働を可能な限り行わせないよう努める。

第2条　甲は、就業規則第○○条の規定に基づき、必要がある場合には、次により時間外労働を行わせることができる。

	時間外労働をさせる必要のある具体的事由	業務の種類	従事する労働者数（満18歳以上の者）	延長することができる時間		
				1日	1箇月	1年
① 下記②に該当しない労働者	季節的繁忙及び顧客の需要に応ずるため	自動車運転者（タクシー）	20人	5時間	45時間	360時間
	一時的な道路事情の変化等に対処するため					
	季節的繁忙及び顧客の需要に応ずるため	運行管理者	3人	5時間	45時間	360時間
② 1年単位の変形労働時間制により労働する労働者	予期せぬ車両トラブルに対処するため	自動車整備士	3人	3時間	42時間	320時間
	月末の決算業務	経理事務員	5人	2時間	20時間	200時間

2　自動車運転者（タクシー）については、前項の規定により時間外労働を行わせることによって「自動車運転者の労働時間等の改善のための基準」（以下「改善基準告示」という。）に定める1箇月についての拘束時間及び1日についての最大拘束時間の限度を超えることとなる場合においては、当該拘束時間の限度をもって、前項の時間外労働時間の限度とする。

第3条　甲は、就業規則第○○条の規定に基づき、必要がある場合には、次により休日労働を行わせることができる。

休日労働をさせる 必要のある具体的事由	業務の種類	従事する労働者数 (満18歳以上の者)	労働させることができる法定休日の 日数並びに始業及び終業の時刻
季節的繁忙及び顧客の需要に 応ずるため	自動車運転者 (タクシー)	20人	・法定休日のうち、2週を通じて1回 ・始業時刻　午前9:00 ・終業時刻　午後11:00
季節的繁忙及び顧客の需要に 応ずるため	運行管理者	3人	・法定休日のうち、4週を通じて2回 ・始業時刻　午前9:00 ・終業時刻　午後11:00

2　自動車運転者(タクシー)については、前項の規定により休日労働を行わせることによって、改善基準告示に定める1箇月についての拘束時間及び1日についての最大拘束時間の限度を超えることとなる場合においては、当該拘束時間の限度をもって、前項の休日労働の限度とする。

第4条　通常予見することのできない業務量の大幅な増加等に伴う臨時的な場合であって、次のいずれかに該当する場合は、第2条の規定に基づき時間外労働を行わせることができる時間を超えて労働させることができる。

	臨時的に限度時間を 超えて労働させる ことができる場合	業務の 種類	従事する 労働者数 (満18歳 以上の者)	1日 延長する ことができる 時間数	1箇月		1年 延長する ことができる 時間数
					限度時間を 超えて 労働させる ことができる 回数	延長する ことができる 時間数及び 休日労働の 時間数	
① 下記②に 該当しない 労働者	突発的な繁忙及び 顧客の需要に応ず るため	運行 管理者	3人	7時間	4回	60時間	550時間
	予算、決算業務の 集中	経理 事務員	5人	6時間	3回	55時間	450時間
② 自動車の運転の 業務に従事する 労働者	鉄道やバス等の遅 延による突発的な 顧客の需要に対処 するため	自動車 運転者 (タクシー)	20人	6時間	8回	75時間	750時間

2　前項の規定に基づいて限度時間を超えて労働させる場合の割増率は35%とする。
　　なお、時間外労働が1箇月60時間を超えた場合の割増率は50%とする。

3　第1項の規定に基づいて限度時間を超えて労働させる場合における手続及び限度時間を超えて労働させる労働者に対する健康及び福祉を確保するための措置については、次のとおりとする。

限度時間を超えて労働させる場合における手続	労働者代表者に対する事前申し入れ
限度時間を超えて労働させる労働者に対する健康及び福祉を確保するための措置	・対象労働者への医師による面接指導の実施 ・年次有給休暇についてまとまった日数連続して取得することを含めた取得の促進 ・職場での時短対策会議の開催

4　自動車運転者(タクシー)については、第1項の規定により時間外労働を行わせることによって改善基準告示に定める1箇月についての拘束時間及び1日についての最大拘束時間の限度を超えることとなる場合においては、当該拘束時間の限度をもって、第1項の時間外労働の時間の限度とする。

第5条　第2条から第4条までの規定に基づいて時間外労働又は休日労働を行わせる場合においても、自動車運転者(タクシー)以外の者については、各条により定める時間数等にかかわらず、時間外労働及び休日労働を合算した時間数は、1箇月について100時間未満でなければならず、かつ2箇月から6箇月までを平均して80時間を超過しないこととする。

第6条　甲は、時間外労働を行わせる場合は、原則として、前日の終業時刻までに該当労働者に通知する。また、休日労働を行わせる場合は、原則として、2日前の終業時刻までに該当労働者に通知する。

第7条　第2条及び第4条の表における1年の起算日はいずれも○年4月1日とする。

2　本協定の有効期間は、○年4月1日から○年3月31日とする。

○年3月12日

　　　　　　　　　　　　　　　　　　　　　　　○○タクシー株式会社
　　　　　　　　　　　　　　　　　　　　　　　　　労働者代表　○○○○　　印
　　　　　　　　　　　　　　　　　又は
　　　　　　　　　　　　　　　　　　　　　　　○○タクシー労働組合
　　　　　　　　　　　　　　　　　　　　　　　　　執行委員長　○○○○　　印

　　　　　　　　　　　　　　　　　　　　　　　○○タクシー株式会社
　　　　　　　　　　　　　　　　　　　　　　　　　代表取締役　○○○○　　印

Q 16

36 協定の届出の際などに窓口で行政指導を受けたとしても、強制力がないのですから従わなくてもよいのではないでしょうか？

A 確かに、行政指導には強制力はありません。

しかし、従わないことによって改善基準に違反した状態が続けば、運輸行政への通報対象となりますし、交通事故などで労災請求事案が発生した場合に、高額の費用徴収が都道府県労働局長から会社に対して行われることになりかねません。その上、被災労働者側から安全配慮義務違反として会社に対する民事訴訟が提起されれば、会社側が不利になるのは明らかです。

また、行政官庁（労働基準監督署、運輸行政機関、警察署）からみれば、法令違反を繰り返し、行政指導に従わない悪質な事業主と認定されることになるでしょう。そうなると、労働基準監督署が刑事事件として捜査をし、労働基準法違反容疑や労働安全衛生法違反容疑で会社を検挙（検察庁への送検）することにもなりかねません。運輸行政機関からの運送事業免許の停止や取消しにつながることもあります。

コラム　実車と実車率

タクシーやバスで乗客を乗せている状態を「実車」といいます。1日、あるいは1カ月における総走行距離に占める実車での走行距離の割合を「実車率」といいます。実車率が高いほど効率的な営業をしているといえます。

腕のいい運転手は、お客を降ろした場所近辺ですぐ次のお客を乗せていて、実車率が8割を超える人もいます。驚異的です。一般的には5割程度であり、帰りは空車という例が多いのです。行き先によって乗車拒否にあうのは、帰りが空だとあまり売上げが上げられないという理由によります。

近年はGPSを積んでいて、会社で何号車がどこにいるかわかるので、電話等の客について無線でその近くの車に指示をし、実車率を向上させるようにしています。また、お客を乗せた時点で行先エリアのボタンを押し、会社が次のお客を指示する補助としています。

第3節　賃金関係

本節では、タクシー業における賃金、割増賃金とその問題点などについて説明します。

Q 17

タクシーの賃金体系には、どのようなものがあるのでしょうか？

A　①固定給プラス歩合給のものと、②すべて歩合給というものが一般的です。

1　固定給プラス歩合給

月の基本給をたとえば 10 万円とし、通勤手当や扶養家族手当等の手当を支給するほか、一定の売上額（足切り額）を超える売上げを上げた場合に、その超えた額の○％を歩合給として支給する方式です。

たとえば、足切り額が 15 万円で、歩率が 35％だとした場合、月の売上合計が 52 万円の場合には、

（52 万円－ 15 万円）× 35％＝歩合給（129,500 円）

となります。

2　すべて歩合給

基本給や各種手当をなくし、月の売上総額の○％を労働者の取り分と決める方式です。業界では「オール歩合（給）」と呼んでいます。手当類は一切ありません。

労働基準監督署に見せるために、1 で述べた固定給がある方式の賃金体系で計算をした賃金台帳を作っていることが少なくありません。その場合、労働者の手取額がオール歩合給の額になるように、不自然な手当が付いていて、この額で調整をしています。要は、オール歩合給の賃金を、基本給、家族給、勤続給などの名目に割り振り、差額を独自名目の手当にしているものです。

3　賃金台帳の記載項目

労働基準法第 108 条では、「使用者は、各事業場ごとに賃金台帳を調製し、賃金計算の基礎となる事項及び賃金の額その他厚生労働省令で定

める事項を賃金支払の都度遅滞なく記入しなければならない。」と定めています。

　厚生労働省令で定める事項は、労働基準法施行規則第54条において、次のものが定められています。

一　氏名

二　性別

三　賃金計算期間

四　労働日数

五　労働時間数

六　法第33条若しくは法第36条第1項の規定によつて労働時間を延長し、若しくは休日に労働させた場合又は午後10時から午前5時（厚生労働大臣が必要であると認める場合には、その定める地域又は期間については午後11時から午前6時）までの間に労働させた場合には、その延長時間数、休日労働時間数及び深夜労働時間数

七　基本給、手当その他賃金の種類毎にその額

八　法第24条第1項の規定によつて賃金の一部を控除した場合には、その額

　オール歩合給の場合、六の時間外労働時間数や深夜労働時間数を記載していない点で、これらの規定に違反する可能性が高いといえます。

Q 18

歩合給制度には、どのような種類がありますか？

A 一律歩合給制、積算歩合給制、累進歩合給制などがあります。それぞれの歩合給制には、次のような特徴があります。

1 一律歩合給制

一律歩合給制は、図にあるとおり、歩合給率が変化をしないものです。足切り額がない場合とある場合とがあります。

≪足切り額のない場合≫

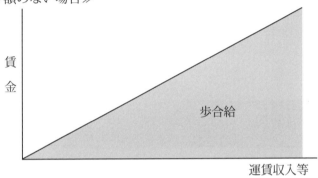

賃金＝運賃収入等×歩率（一定）

≪足切り額のある場合≫

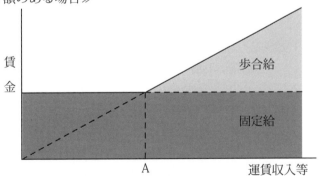

・運賃収入等が足切り額A以下の場合

　　賃金＝固定給

・運賃収入等が足切り額Aを超えた場合

　　賃金＝固定給 ＋（運賃収入等－A）× 歩率（一定）

運賃収入が増えても、歩合給のパーセンテージが変化しない特徴があります。

足切り額がないものを「オール歩合（給）制」と呼んでいます。

2 積算歩合給制

これは、運賃収入を数段階に区分し、その区分ごとに歩合給のパーセンテージが増加していくものです。

≪足切り額のある積算歩合給制≫

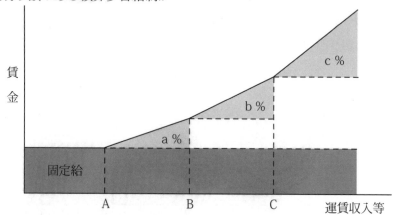

・賃金収入等がA以下の場合

　　　賃金＝固定給

・賃金収入等がAを超えB以下の場合

　　　賃金＝固定給＋（運賃収入等－A）×歩率a％

・賃金収入等がBを超えC以下の場合

　　　賃金＝固定給＋（B－A）×歩率a％＋

　　　　　（運賃収入等－B）×歩率b％

・賃金収入等がCを超えた場合

　　　賃金＝固定給＋（B－A）×歩率a％＋（C－

　　　　　B）×歩率b％＋（運賃収入等－C）×歩率c％

運賃収入が増えるほど、自動車運転者の賃金がより増えていく制度で、足切り額がある賃金制度の場合が図に示すようになっています。賃金額を示す線に、不連続なところがありませんので、問題ないとされています。

3　累進歩合給制

　累進歩合制度には、水揚げ高、運搬量等に応じて歩合給が定められている場合にその歩合給の額が非連続的に増減するいわゆる「累進歩合給」、水揚げ高等の最も高い者またはごく一部の労働者しか達成し得ない高い水揚げ高等を達成した者のみに支給するいわゆる「トップ賞」、水揚げ高等を数段階に区分し、その水揚げ高の区分の額に達するごとに一定額の加算を行ういわゆる「奨励加給」が該当する（令4.12.23 基発1223 第1号）とされており、「歩合給制度のうち累進歩合制度は廃止すべきであること。」（同通達）とされています。

≪足切り額のある累進歩合給制≫

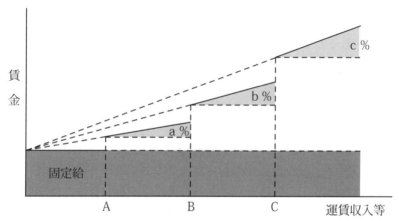

・賃金収入等がA以下の場合
　　　賃金＝固定給
・賃金収入等がAを超えB以下の場合
　　　賃金＝固定給＋運賃収入等×歩率a％
・賃金収入等がBを超えC以下の場合
　　　賃金＝固定給＋運賃収入等×歩率b％
・賃金収入等がCを超えた場合
　　　賃金＝固定給＋運賃収入等×歩率c％（a＜b＜c）

Q 19

オール歩合給は、法令上問題があるのでしょうか？

A 労働基準法違反や最低賃金法違反が生じます。

労働基準法第 27 条では、「出来高払制その他の請負制で使用する労働者については、使用者は、労働時間に応じ一定額の賃金の保障をしなければならない。」と定めています。ただし、この「保障額」をいくらにすべきかは、法令上定めはありません。

この点について厚生労働省の通達では、同条の趣旨は以下のとおりであると示されています。

> 本条は労働者の責任に基づかない事由によって、実収賃金が低下することを防ぐ趣旨であるから、労働者に対し、常に通常の実収賃金と余りへだたらない程度の収入が保障されるように保障給の額を定めるように指導すること。
>
> なお、本条の趣旨は全額請負給に対しての保障給のみならず一部請負給についても基本給を別として、その請負給について保障すべきものであるが、賃金構成からみて固定給の部分が賃金総額中の大半（おおむね 6 割程度以上）を占めている場合には、本条のいわゆる「請負制で使用する」場合に該当しないと解される。（昭 22.9.13 発基第 17 号、昭 63.3.14 基発第 150 号）

また、オール歩合の賃金制度を採用しているタクシー会社で、売上げが少ない自動車運転者の賃金総額をその月の実労働時間で割った額が最低賃金額を下回り、労働基準監督署から最低賃金法違反で是正勧告を受けたという例もありました。

保障給については、通達（令 4.12.23 基発 1223 第 3 号）において次のように示されています。

> 歩合給制度が採用されている場合には、労働時間に応じ、固定的給与と併せて通常の賃金の 6 割以上の賃金が保障されるよう保障給

を定めるものとすること。

　歩合給制度を採用している場合には、労働者ごとに労働時間に応じ各人の通常賃金の６割以上の賃金が保障されるようにすることを意図したものであって、６割以上の固定的給与を設けなければならないという趣旨ではないこと。

　「通常の賃金」とは、原則として、労働者が各人の標準的能率で歩合給の算定期間における通常の労働時間（勤務割に組み込まれた時間外労働及び休日労働の時間を含む。）を満勤した場合に得られると想定される賃金額（上記の時間外労働及び休日労働に対する手当を含み、臨時に支払われる賃金及び賞与を除く。）をいい、「１時間当たりの保障給」の下限は次の算式により算定すること。

$$1時間当たりの保障給 = \frac{通常の賃金}{算定期間における通常の労働時間} \times 0.6$$

　なお、「１時間当たりの保障給」の実際の算定に当たっては、特段の事情のない限り、各人ごとに過去３カ月程度の期間において支払われた賃金の総額（全ての時間外労働及び休日労働に対する手当を含み、臨時に支払われた賃金及び賞与を除く。）を当該期間の総労働時間数で除して得た金額の100分の60以上の金額をもって充てることとして差し支えなく、また、毎年１回等定期的にあらかじめ定めておく場合には、特段の事情のない限り、当該企業の歩合給制労働者に対し過去３カ月程度の期間に支払われた賃金の総額（全ての時間外労働及び休日労働に対する手当を含み、臨時に支払われた賃金及び賞与を除く。）を当該期間の延総労働時間数で除して得た金額の100分の60以上の金額をもって保障給として差し支えないこと。

　さらなる問題点として、オール歩合給の場合、時間外労働や深夜労働の割増賃金を付けていない例が少なくありません。

　そして、休日労働は、その日の売り上げの○％としてその日の勤務終了時に支払うようにしている（その日払い）会社もあり、その割増率

によっては割増賃金についての労働基準法違反となることもよくあります。

　たとえば、通常時の賃金が売上げの50%だとすれば、休日労働の場合には、35%の割増賃金を加算して

　　50%×1.35 ＝ 67.5%

となるわけですが、そのような歩合率を定めている例はめったにありませんので、労働基準法違反となることが多いです。

　割増賃金の計算については、次ページのQ 21を参照してください。

Q 20
賃金のその日払いは、何か問題があるのでしょうか？

A　賃金台帳に休日労働として正確に記載していないことがあります。これは労働基準法第108条違反になります。また、1カ月の拘束時間の計算に反映せず、結果として改善基準違反となりがちです。悪質な場合には、別の労働者名義で記録していることさえあります。

　加えて、賃金台帳に正確に記載していないことから、時に、労災保険料の算定基礎となる賃金総額に含めておらず、保険料の過少申告となる例もあります。

　これらの点が問題なく処理されていれば、その日払いといえども法令上の問題は生じません。

Q 21

歩合給がある場合の割増賃金は、どのように計算するのでしょうか？

A 労働基準法施行規則第19条において、次のように定められています。

「通常の労働時間又は通常の労働日の賃金の計算額」は、次の各号の金額に時間外労働、休日労働および深夜労働の時間数を掛けた金額とし、1から6までの複数の賃金がある場合には、その部分についてそれぞれ計算した金額の合計とする、とされています。

1　時間によって定められた賃金については、その金額

2　日によって定められた賃金については、その金額を1日の所定労働時間数（日によって所定労働時間数が異る場合には、1週間における1日平均所定労働時間数）で除した金額

3　週によって定められた賃金については、その金額を週における所定労働時間数（週によって所定労働時間数が異る場合には、4週間における1週平均所定労働時間数）で除した金額

4　月によって定められた賃金については、その金額を月における所定労働時間数（月によって所定労働時間数が異る場合には、1年間における1月平均所定労働時間数）で除した金額

5　月、週以外の一定の期間によって定められた賃金については、前各号に準じて算定した金額

6　出来高払制その他の請負制によって定められた賃金については、その賃金算定期間（賃金締切日がある場合には、賃金締切期間）において出来高払制その他の請負制によって計算された賃金の総額を当該賃金算定期間における、総労働時間数で除した金額

ところで、休日手当その他1から6に含まれない賃金は、この計算においては、これを月によって定められた賃金とみなします（同条第2項）。

つまり、固定給がある場合には、その時間単位の額を計算し、歩合給

については別途計算してこれらを合計したものということになります。

　歩合給の割増賃金は、6にあるように、その賃金計算期間（通常は1カ月）の総労働時間で割って1時間当たりの額を出し、割増賃金の対象となる時間数と各割増率をそれぞれ掛けたものになります。

　固定給と歩合給とがある場合には、それぞれの計算額の合計となります。

　なお、タクシー料金が午後10時を過ぎると割増になるのは、自動車運転者に対する割増賃金の原資とするためです。

Q 22
オール歩合給は、割増賃金についてどのようなことが問題なのですか？

A 　深夜労働や時間外労働の割増賃金が労働基準法どおり支払われていないことがよくあります。

　本章Q18とQ21で説明しましたが、すべてを歩合給とした場合、割増賃金の計算をするためには、その賃金計算期間における総労働時間（実労働時間）を出す必要があります。そして、時間外労働時間数、休日労働時間数と深夜労働時間数を労働者ごとに算出しなければなりません。

　ところが、オール歩合給だと月間の総売上の○％という賃金計算のため、労働時間の把握を怠る会社が多いのです。総労働時間や時間外労働時間数等がわからなければ、割増賃金の計算はできません。また、深夜労働時間数も把握していないことが少なくありません。その結果、時間外労働等の割増賃金を法令どおりの計算で支払っていない例が多いのです。

　さらに、労働時間把握をおろそかにしていることにより、「時間外労働及び休日労働に関する協定届」の範囲を超える時間外労働等を放置することになります。当然、改善基準違反となりがちです。会社としては、売上げさえ上げてもらえばよいという姿勢に傾きます。

なお、現在主流のデジタルタコグラフでは、月間総労働時間はもとより、時間外労働時間数や休日労働時間数の計算がごく簡単にできるようになっていますし、深夜労働時間数の算出も容易です。

　アナログ式タコグラフの場合には、チャートアナライザという全円分度器に似た道具を使って労働時間等の算出をしますが、これを使わなくても計算はそれほど難しくありません。時間計算のできる電卓があれば短時間で計算が可能です。

Q 23

累進歩合給制度は、何が問題なのでしょうか？

　A　歩合給のパーセンテージが、水揚げ高がある金額を超えると歩合給額が非連続的に増加する（階段状に増加する）ため、運転者は、さらに高い賃金額を得ることを目当てに長時間労働をしがちになるという点です。トップ賞や奨励加給が典型ですが、水揚げ高をあといくら稼いでから帰庫しよう（あといくら稼ぐまで帰庫しない）とする意識が自動車運転者に生じ、その結果として長時間労働につながるため、それを制限する目的で禁止しているものです。

　ところで、厚生労働省はオール歩合における割増賃金のことをあまり考えないで、「累進歩合給＝一律に禁止」しているように見えます。タクシー会社も、禁止されていることを理由に、歩合給がある金額を超えたときに付ける奨励給的なものを何も付けないようにしています。

　しかし、ある程度の水揚げ高を上げるためには、それなりの労働時間を働くことが必要です。その結果、相当の時間外労働を行っているのが現状です。その分の割増賃金をどう支払うか。これを業界の労使できちんと整理する必要があります。

　累進歩合制度の廃止に関し、通達（令4.12.23基発1223第3号）は次のように示しています。

　累進歩合制度の廃止については、特定地域における一般乗用旅客

自動車運送事業の適性化及び活性化に関する特別措置法等の一部を改正する法律（平成25年法律第83号）の国会附帯決議（衆議院国土交通委員会（平成25年11月8日）及び参議院国土交通委員会（同月19日））においても、労使双方にその趣旨を踏まえ、真摯な対応を行うよう促すことが求められていることから、労使当事者にあっては自主的な改善を行うことが要請されること。

なお、累進歩合制度の廃止に関する周知及び指導については、平成26年1月24日付け基発0124第1号によること。

Q 24

普通自動車2種免許を取得させたときの費用ですが、3年以内に退職した場合には全額会社に返還させるというやり方は認められますか？

A 認められません。

タクシー業界では「養成」といって、採用されてから2種免許を取得する例が少なくありません。当然それなりの費用がかかります。

この費用については、お尋ねのように、取得後まもなく退職してしまうと、会社が費用を負担しただけということになりかねません。そのため、お尋ねのような取り扱いをして労働基準監督署に呼び出されることがままあります。一種の足止め策のようになるため、労働基準法上認められないこととなります（第17条）。

しかし、会社が2種免許取得のための費用を貸し付ける形で借用証を書かせ、一定期間勤務した場合には返済を免除するという形ならば、あくまでも金銭の貸し付けであり、一定の要件でその弁済を免除するものですから、法令上差し支えありません。

第4節　年次有給休暇

本節では、タクシー運転手の年次有給休暇について説明します。これには業界特有の問題があります。通達でも、労働基準法附則第 136 条の規定に従い、年次有給休暇を取得したとき、不当に賃金額を減少させないものとすること（令 4.12.23 基発 1223 第 3 号）とされています。

Q 25
隔日勤務の場合、一勤務の年次有給休暇は 2 労働日の消化となるのでしょうか？

A 隔日勤務は、1 日（1 回）の労働で 2 日分の勤務をするものです。普通は午前 0 時をまたぎ 2 暦日での勤務となるものですから、年次有給休暇も 2 労働日の消化とするのが一般的です。

Q 26
年次有給休暇の賃金は、どのように支払えばよいのでしょうか？

A 労働基準法第 39 条第 9 項において、次のいずれかの方法により支払うべき旨定めています。

1　平均賃金

同法第 12 条に規定する計算方法によります。毎月の賃金額に変動があるタクシー運転手の場合、これによる会社も少なくありません。

2　通常の賃金

これは、賃金計算の期間により、次の計算により算出した額の合計となります（同法施行規則第 25 条）。

一　時間によって定められた賃金については、その金額にその日の所定労働時間数を乗じた金額

二　日によって定められた賃金については、その金額
三　週によって定められた賃金については、その金額をその週の所定労働日数で除した金額
四　月によって定められた賃金については、その金額をその月の所定労働日数で除した金額
五　月、週以外の一定の期間によって定められた賃金については、前各号に準じて算定した金額
六　出来高払制その他の請負制によって定められた賃金については、その賃金算定期間（当該期間に出来高払制その他の請負制によって計算された賃金がない場合においては、当該期間前において出来高払制その他の請負制によって計算された賃金が支払われた最後の賃金算定期間。以下同じ。）において出来高払制その他の請負制によって計算された賃金の総額を当該賃金算定期間における総労働時間数で除した金額に、当該賃金算定期間における１日平均所定労働時間数を乗じた金額
七　労働者の受ける賃金が前各号の２以上の賃金よりなる場合には、その部分について各号によってそれぞれ算定した金額の合計額

　これは、タクシー以外の多くの企業で採用されています。一般的には、何も引かないでそのまま支払うという形で実現しています。しかし、タクシーでは、そうはいきません。
　タクシー業界には歩合給がありますが、年次有給休暇を取得した日は売上げがありません。そのため、年次有給休暇を取得するとその月の歩合給が少なくなってしまいます。このため、仮想水揚げを労使協定で定めていることがあります。年次有給休暇を取得した日は、労使協定で定めた額の売上げ（仮想水揚げ）があったとみなして賃金計算をする制度です。

3　健康保険法に定める標準報酬日額（この場合のみ労使協定が必要）

　１の平均賃金だと、算定期間の直近３カ月間の稼ぎの多寡により影響が大きいため、標準報酬日額で支払う旨定めている会社もあります。
　タクシー会社では、１か３で支払う例が多いようです。

1から3のどれで支払うかは、あらかじめ就業規則等で定めた上で、ずっとその支払方法で支払わなければなりません。支払いの都度や労働者ごとに変えることは認められません。

　なお、通達（令4.12.23基発1223第3号）では、「法附則第136条の規定に従い、年次有給休暇を取得したとき、不当に賃金額を減少させないものとすること。」とされています。

Q 27

出勤当日の朝に電話で年次有給休暇の取得を連絡してきた場合、拒否してもよいのでしょうか？

A　その旨事前に就業規則等に定めておけば、必ずしも労働基準法違反とはなりません。

　年次有給休暇は、労働者が取得する時季を使用者に申し出（指定し）、使用者が時季変更権を行使しなければ、そのまま取得できます。

　労働基準法第39条第5項において、「使用者は、前各項の規定による有給休暇を労働者の請求する時季に与えなければならない。ただし、請求された時季に有給休暇を与えることが事業の正常な運営を妨げる場合においては、他の時季にこれを与えることができる。」と定めています。時季変更権とは、この「事業の正常な運営を妨げる場合」に労働者の申し出とは別の時季に取得するように指定する使用者の権利です。

　では、年次有給休暇を取得する労働者からの申し出は、いつまでにすべきでしょうか。この点について判例では、「使用者が時季変更権を行使すべき時間的余裕を置いてなされるべき」という趣旨を示しています（此花電報電話局事件　昭53年（オ）第548号　昭57.3.18最高裁第一小法廷判決。昭53.1.31大阪高裁判決も同旨）。

　時季変更権を行使できる時間的余裕とは、一般的には前日の勤務終了時刻までと解されますが、前述の高裁判決では、この事案においては、前々日までとの就業規則の定めは合理的なものとして労働基準法違反にはならないとしています。

ところで、タクシー会社では、その日の勤務予定者に突発的な事情が生じた場合に備え、予備の勤務者（業界では「スペア」と呼んでいます）を配置していることが一般的です。当日の申し出も認めるとした上で、予備の勤務者が出払った場合には、時季変更権を行使する旨就業規則に定めるのが一般的でしょう。

第Ⅳ章

道路貨物運送業（トラック）関係

トラック運転者の改善基準告示

令和6年4月～適用

1年、1か月の拘束時間	**1年：3,300時間以内** **1か月：284時間以内**	【例外】労使協定により、次のとおり延長可（①②を満たす必要あり） 　1年：3,400時間以内 　1か月：310時間以内（年6か月まで） 　① 284時間超は連続3か月まで 　② 1か月の時間外・休日労働時間数が100時間未満となるよう努める
1日の拘束時間	**13時間以内（上限15時間、14時間超は週2回までが目安）** 【例外】宿泊を伴う長距離貨物運送の場合(※1)、16時間まで延長可（週2回まで） 　※1：1週間における運行がすべて長距離貨物運送（一の運行の走行距離が450km以上の貨物運送）で、 　　一の運行における休息期間が住所地以外の場所におけるものである場合	
1日の休息期間	**継続11時間以上与えるよう努めることを基本とし、9時間を下回らない** 【例外】宿泊を伴う長距離貨物運送の場合(※1)、継続8時間以上（週2回まで） 　休息期間のいずれかが9時間を下回る場合は、運行終了後に継続12時間以上の休息期間を与える	
運転時間	**2日平均1日：9時間以内　　　　2週平均1週：44時間以内**	
連続運転時間	**4時間以内** 運転の中断時には、原則として休憩を与える（1回おおむね連続10分以上、合計30分以上） 10分未満の運転の中断は、3回以上連続しない 【例外】SA・PA等に駐停車できないことにより、やむを得ず4時間を超える場合、4時間30分まで延長可	
予期し得ない事象	予期し得ない事象への対応時間を、1日の拘束時間、運転時間（2日平均）、連続運転時間から除くことができる(※2,3) 勤務終了後、通常どおりの休息期間（継続11時間以上を基本、9時間を下回らない）を与える 　※2：予期し得ない事象とは、次の事象をいう。 　　・運転中に乗務している車両が予期せず故障したこと 　　・運転中に予期せず乗船予定のフェリーが欠航したこと 　　・運転中に災害や事故の発生に伴い、道路が封鎖されたこと又は道路が渋滞したこと 　　・異常気象（警報発表時）に遭遇し、運転中に正常な運行が困難となったこと 　※3：運転日報上の記録に加え、客観的な記録（公的機関のHP情報等）が必要。	
特例	**分割休息（継続9時間の休息期間を与えることが困難な場合）** 　・分割休息は1回3時間以上　　　・休息期間の合計は、2分割：10時間以上、3分割：12時間以上 　・3分割が連続しないよう努める　　・一定期間（1か月程度）における全勤務回数の2分の1が限度 **2人乗務（自動車運転者が同時に1台の自動車に2人以上乗務する場合）** 　身体を伸ばして休息できる設備がある場合、拘束時間を20時間まで延長し、休息期間を4時間まで短縮可 【例外】設備（車両内ベッド）が※4の要件を満たす場合、次のとおり、拘束時間をさらに延長可 　・拘束時間を24時間まで延長可（ただし、運行終了後、継続11時間以上の休息期間を与えることが必要） 　・さらに、8時間以上の仮眠時間を与える場合、拘束時間を28時間まで延長可 　　※4：車両内ベッドが、長さ198cm以上、かつ、幅80cm以上の連続した平面であり、かつ、 　　　クッション材等により走行中の路面等からの衝撃が緩和されるものであること **隔日勤務（業務の必要上やむを得ない場合）** 　2暦日の拘束時間は21時間、休息期間は20時間 【例外】仮眠施設で夜間4時間以上の仮眠を与える場合、2暦日の拘束時間を24時間まで延長可（2週間に3回まで） 　2週間の拘束時間は126時間（21時間×6勤務）を超えることができない **フェリー** 　・フェリー乗船時間は、原則として休息期間（減算後の休息期間は、フェリー下船時刻から勤務終了時刻までの 　　間の時間の2分の1を下回ってはならない） 　・フェリー乗船時間が8時間を超える場合、原則としてフェリー下船時刻から次の勤務が開始される	
休日労働	休日労働は2週間に1回を超えない、休日労働によって拘束時間の上限を超えない	

(注1)改善基準告示とは、「自動車運転者の労働時間等の改善のための基準」（平成元年労働省告示第7号）をいう。

(注2)本表は、令和4年厚生労働省告示第367号による改正後の改善基準告示のほか、関連通達（令和4年基発1223第3号）の内容を含めて作成したもので、令和6年4月1日から適用される。

2023.3

概　説

　本章では、道路貨物運送業（トラック）関係の改善基準の規定について
述べます。

第1節　トラック業界の特徴

　本節では、トラック業界の特徴的な部分を労務管理面から説明します。

Q1
道路貨物運送事業には、どのような種類があるのでしょうか？

A　宅配便のようにもっぱら一定の地域を走行して配送等をするも
　　のと、長距離を走行するものとがあります。後者には、大手業
者のように所定の路線、たとえば東京－大阪間などを毎日のように運行
するものと、そうでないものとがあります。

　また、工場等において、自社製品を受注先に配送する自家用のものと、
運送業のように不特定多数の顧客の荷を運送するものとがあります。特
定の顧客の荷だけを運ぶもの（郵便逓送等）もあります。

　さらには、タンクローリーのように特定の荷だけを専用に運送するも
のと、平荷台（平ボディ）トラックなどで様々な荷を運送するものもあ
ります。前者には、化学薬品やバラセメント（粉状のセメント）を運送
するものなどがあります。これらは、帰りが空ということが多く、片道
のみの営業という事業です。

　最近は、アルミバンといって、金属製の直方体の箱を乗せた形のトラッ
クが主流を占めています。

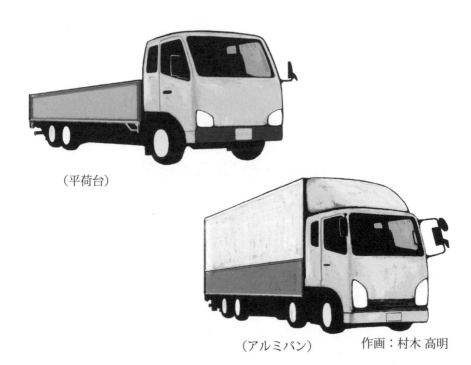

（平荷台）

（アルミバン）　　　　　作画：村木 高明

Q 2
道路貨物運送業において、運行上どのような問題があるのでしょうか？

A 長距離の場合、ワンマン運行ではなく、ツーマン運行（２人乗務）で行わなければならないことがあります。その場合でも、拘束時間の限度から、片道の距離が制限されます。

そのため、トレーラーでは、後ろの荷台部分だけをフェリーに積んで航走し、自動車運転者は港から引き返す例があります。到着港では、迎えの自動車運転者が荷台部分を引き出すのです。なお、トレーラーの頭の部分（運転席がある部分）はトラクターといいます。

一方、カンバン方式におけるジャストインタイムに見られるように、近年、指定された時刻に要求された数の部品や商品等を客先に届けるということが求められています。これは製造業のみならず、コンビニやスー

パーなどへの商品配送でも同様で、1日に何回も少量ずつ運ぶことになります。そのため、多少の遅れを見越して早めに着くようにしなければならず、しかも予定より早く着いた場合には現地での待機となり、自動車運転者にとっては長時間労働となりがちです。

どの業界も流通コストの削減に熱心です。つまり、トラック業界では、運んでいる商品は常に道路上を走行している反面、荷主からのコストダウンの要請が厳しいため、燃料代（原油）の値上がりをすぐに価格（運賃）に転嫁できないことから、利益を上げにくくなっているといえます。また、宅配便などでは、届け先が不在の場合など、2度配達しなければならないこともあるという状況にあります。

それらのしわ寄せが、すべて自動車運転者にかかっているといってよいでしょう。

また、石油等を運ぶタンクローリーや、バラセメント（粉末状のセメント）等を運ぶトラックなど、積むことができる荷の種類が限定されているトラックでは、ほとんどが片道運送となり、帰りは空荷であることから、往復での運賃を得られないという特色もあります。さらに近年、法令順守の面からは当然のことなのですが、過積載に対する取り締まりが強化され、運ぶ貨物の量が限定されていることも、業界に厳しい状況となっています。

Q 3

ジャストインタイムなど、荷主の協力がないと、自動車運転者側の努力には限界があると思いますがいかがでしょうか？

A ご指摘のとおりです。今回の改善基準の改正に伴い、厚生労働省は都道府県労働局において「荷主特別対策チーム」を編成しました。

これは、トラック運転者の方の長時間労働の是正のため、発着荷主等に対して、長時間の荷待ちを発生させないことなどについての要請とその改善に受けた働きかけを行うことを目的としています。

荷主特別対策チームの概要は次のとおりです。

1 トラック運転者の労働条件の確保・改善に知見を有するメンバーで構成されています

「荷主特別対策チーム」は、都道府県労働局に新たに任命する荷主特別対策担当官を中心に、トラック運転者の労働条件の確保・改善に知見を有する都道府県労働局・労働基準監督署のメンバーにより編成しています。

2 労働基準監督署が発着荷主等に対して要請します

労働基準監督署が、発着荷主等に対し、①長時間の恒常的な荷待ちの改善に努めること、②運送業務の発注担当者に改善基準告示を周知し、トラック運転者がこれを遵守できるよう協力すること、などを要請します。

3 都道府県労働局が長時間の荷待ちなどの改善等に向け発着荷主等に働きかけます

都道府県労働局のメンバーが、労働基準監督署から要請された事項に発着荷主等が積極的に取り組めるよう、荷待ち時間等の改善に係る好事例の紹介等のアドバイスを行います。

4 長時間の荷待ちに関する情報を収集します

厚生労働省ホームページに、「長時間の荷待ちに関する情報メール窓口」（※）を新設し、発着荷主等が長時間の荷待ちを発生させていると疑われる事案などの情報を収集し、その情報を元に、労働基準監督署が要請等を行います。

※情報メール窓口の URL は次のとおりです。

https://www.mhlw.go.jp/stf/seisakunitsuite/bunya/koyou_roudou/roudoukijun/nimachi.html

Q 4
深夜の高速道路にトラックが多いのはなぜですか？

A 深夜はマイカーが少なく道路が空いているため、走りやすく、しかも渋滞があまりないため燃費がよいことや高速料金の深夜割引もあり、長距離トラックはなるべく深夜に走行するようにしているからです。

その分、自動車運転者の体調管理が難しい業界です。ストレスも多いようで、週刊誌などでは、深夜のドライブインでトラック運転手の方々が酒盛りをしていると報じられたこともありましたが、ごく一部の自動車運転者の例です。

Q 5
「名義貸し」とは、どのようなことでしょうか？

A 運送業は、運輸行政の免許が必要です。「名義貸し」とは、免許を受けた運送業者が、個人運転手の持込トラックを自社所有トラックのように見せて事業を行っているものです。

大型トラックは、高額な商品です。それを運転手個人が長期ローンで買い、運送会社に持込みでその会社の貨物を運送します。一般的には、月に一定額を会社に納めれば、残りは運転手の取り分となり、そこからトラックのローンを支出するということになります。そのトラックには、当該会社名などが描かれ、その会社の特徴であるカラーリングなどが施されています。

ところが、営業ナンバー（青ナンバー）は、事業免許を受けた会社が取得します。このため、トラックを会社が買った形にしながら、実は運転手がローンを支払い続け、あたかも、運送会社の免許を名前だけ個人事業主に貸していることから、名義貸しと呼ばれています。これは、貨物自動車運送事業法で禁止されています（同法第27条）。

同法第3条では、「一般貨物自動車運送事業を経営しようとする者は、

国土交通大臣の許可を受けなければならない。」と定めています。

　そして、同法第 27 条では、「一般貨物自動車運送事業者は、その名義を他人に一般貨物自動車運送事業又は特定貨物自動車運送事業のため利用させてはならない。」（第 1 項）、「一般貨物自動車運送事業者は、事業の貸渡しその他いかなる方法をもってするかを問わず、一般貨物自動車運送事業又は特定貨物自動車運送事業を他人にその名において経営させてはならない。」（第 2 項）と定めています。

　労働基準監督署から見ると、運送会社は、当該運転手を労働者として雇っているとの意識がないので、労働時間管理をせず、時間外労働等の割増賃金の支払いをせず、健康診断を実施せず、年次有給休暇もないという状況になります。

　交通事故や、荷の積卸し等の際に運転手が被災し、労災保険請求をして初めて労働者かどうか（＝名義貸しかどうか）が問題となるという事例がままあります。

Q 6
「傭車」とは、どのようなことでしょうか？

A　運送会社が、自社の運送能力を超える業務を受けたため、同業他社のトラックに期間限定で仕事を依頼することです。運送業界では、お互いに同じようなことが生じるため、そのとき余剰の車両を融通し合う形で仕事を依頼しています。建設業界でも似たようなことがあります。

　許可を得ていない個人のトラック（白ナンバー）を期間限定で雇うこともありますが、これは法令違反となります。

Q 7

自動車運転者の過労運転防止については、労働基準法と改善基準だけで規制しているのでしょうか？

A 貨物自動車運送事業法でも「輸送の安全」として、過労運転防止について定めています。

同法第 17 条第 1 項では、「一般貨物自動車運送事業者は、事業用自動車の数、荷役その他の事業用自動車の運転に附帯する作業の状況等に応じて必要となる員数の運転者及びその他の従業員の確保、事業用自動車の運転者がその休憩又は睡眠のために利用することができる施設の整備、事業用自動車の運転者の適切な勤務時間及び乗務時間の設定その他事業用自動車の運転者の過労運転を防止するために必要な措置を講じなければならない。」と定めています。

そのため、改善基準違反が認められ、悪質と判断されると、国土交通省から行政処分（免許の停止または取消し）を受けることになります。

第2節　労働時間、休日、休憩の原則

　本節では、改善基準における労働時間、休日、休憩について原則的な部分を説明します。ワンマンとツーマン、フェリー乗船中の取り扱い、身体を横に伸ばす設備など、トラック特有の問題があり、これらについては特例が定められていますので、次節で説明します。

Q8

　道路貨物運送業について、改善基準の規制はどのようになっていますか？

A 　拘束時間等について、138 ページの図表のようになっています。

1　1カ月の総枠

　拘束時間の1カ月の総枠は原則として 284 時間で、年間は 3300 時間です。ただし、労使協定を締結し次の①と②を満たせば、1年で 3400 時間以内、1カ月は 310 時間（年6カ月まで）となります。

　①　284 時間超は連続3カ月まで

　②　1カ月の時間外・休日労働時間数が 100 時間未満となるよう努める。

　その分、他の月の総枠が減ることになります。

　また、1カ月の拘束時間の合計を超えないようにするためには、毎月の起算日を、たとえば「毎月1日」のように定めておく必要があります。

2　1日の最大拘束時間

　拘束時間の1日の限度は、原則が 13 時間であり、最大でも 15 時間までとされています。そして、14 時間を超える回数は週2回までとされています。

　これを超える勤務が必要な場合には、後述する2人乗務（ツーマン）か隔日勤務によることになります。

　なお、1日の拘束時間の限度は、始業時刻から始まる継続 24 時間で見ますから、始業時刻が日によって繰り上げ、繰り下げが行われた場合

には、終業時刻の限度もずれることになります。

3　休息期間

　休息期間は、勤務と次の勤務の間を区切る時間です。始業時刻から始まる継続 24 時間のうち、最大で 15 時間までの拘束時間ですから、その後 9 時間は休息期間が設けられるはずであり、その前に次の勤務が開始されることがないようにという趣旨です。

　なお、一定の要件を満たせば、この休息期間を分割することができます。休息期間の分割については、次節で説明します。

4　運転時間と連続運転時間

（1）運転時間

　運転時間は、業界では「ハンドル時間」とも呼んでいます。自動車運転者にとって最も緊張を強いられる労働時間といってよいでしょう。そのため、改善基準では 1 日と 1 週間で限度を定めるとともに、運転時間の中断について定めています。

　まず、運転時間は、2 日を平均し 1 日当たり「9 時間」、2 週間を平均し 1 週間当たり「44 時間」を超えないこととしています（改善基準第 4 条第 1 項第 6 号）。

　2 日を平均し 1 日当たりの運転時間の算定に当たっては、特定の日を起算日として 2 日ごとに区切り、その 2 日間の平均とすることが望ましいですが、特定日の最大運転時間が改善基準告示に違反するか否かは、次により判断されます（同通達）。

特定日の前日 （N－1 日）	特定日 （N 日）	特定日の翌日 （N－1 日）
B 時間	A 時間	C 時間

※次の①②のいずれもが「9 時間」を超えた場合に、初めて違反と判断されます。

①　特定日の運転時間（A 時間）と特定日の前日の運転時間（B 時間）との平均

②　A 時間と特定日の翌日の運転時間（C 時間）との平均

　また、2 週間における総運転時間を計算する場合は、特定の日を起算日として 2 週間ごとに区切り、その 2 週間ごとに計算しなければな

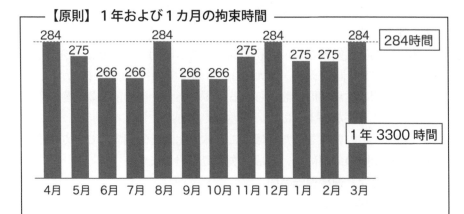

【原則】1年および1カ月の拘束時間

| 284時間 |
| 1年 3300 時間 |

・ 1カ月の拘束時間を全て上限値（284 時間× 12 カ月）とすると1年の総
  拘束時間が 3300 時間を超えるため、改善基準告示違反になります。

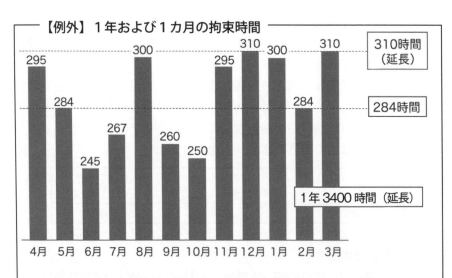

【例外】1年および1カ月の拘束時間

| 310時間（延長） |
| 284時間 |
| 1年 3400 時間（延長） |

・ 労使協定により拘束時間を延長する場合であっても、1カ月の拘束時間を全
  て上限値（284 時間× 6 カ月かつ 310 時間× 6 カ月）とすると1年の総拘
  束時間が 3400 時間を超えるため、改善基準告示違反になります。
・ 1カ月の拘束時間が 284 時間を超える月が 4 カ月以上連続する場合も、改
  善基準告示違反になります。

らないものです。この運転時間については、旧告示からの変更はありません。

（2）連続運転時間（同第1項第7号）

連続運転時間（1回が「おおむね連続10分以上」で、かつ、合計が「30分以上」の運転の中断をすることなく連続して運転する時間をいう。）は、「4時間以内」とし、当該運転の中断については原則として休憩を与える必要があります。ただし、高速道路等のサービスエリアまたはパーキングエリア等に駐車または停車できないことにより、やむを得ず連続運転時間が「4時間」を超える場合には、「4時間30分」まで延長することができます。この延長は、今回追加されました。

運転の「中断」については、休憩を与えなければならないこととされました。それは、トラック運転者については、運転の中断時に荷積み・荷卸し等の作業に従事することにより、十分な休憩が確保されない実態があるといったことを踏まえ、運転の中断については、原則として休憩を与えるものとされたためです。

そのため例えば、運転の中断時に特段の事情なく休憩が全く確保されないような運行計画を作成することは、「原則として休憩を与える」ものとは当然認められない（同通達）こととなります。したがって、中断時に適切に休憩が確保されるような運行計画を作成することが使用者においては要請されるとされています。

運転の中断の下限時間は「おおむね連続10分以上」とされました。デジタル式運行記録計により細かな時間管理が可能になる中で、運転の中断の時間が「10分」にわずかに満たないことをもって直ちに改善基準告示違反とするのはトラック運転者の勤務実態を踏まえたものではないという観点から見直されたものです。「おおむね連続10分以上」とは、運転の中断は原則10分以上とする趣旨であり、例えば10分未満の運転の中断が3回以上連続する等の場合は、「おおむね連続10分以上」に該当しない（同通達）とされています。

Q 9

自動車運転者の休憩時間は、どのようになりますか？

A 労働基準法において、1日の実労働時間が6時間を超える場合には45分以上、8時間を超える場合には60分以上の休憩時間を与えなければならないこととされています。

前問で説明しましたように、運転時間の中断をする時間を設けることが必要ですが、これを休憩時間としなければなりません。また、途中で食事をとる時間も必要でしょうから、あらかじめ運行途中で、たとえばサービスエリアを特定するとか、どこそこのトラックターミナルの休憩施設を利用するなど、休憩の取り方まで含めた具体的なダイヤ（走行計画）を設定しておくとよいでしょう。走行計画については、本節のQ12を参照してください。

よく行く行き先については、その地方のトラックターミナルや同業他社と提携し、休憩場所を確保しておくことが望ましいものです。

フェリーに乗船している時間の取扱いについては、次節の特例（Q21）を参照してください。

Q 10

拘束時間が15時間を超えるのは週2回までとありますが、現実的にはどのような意味があるのでしょうか？

A ワンマン運行で、たとえば片道16時間の業務があるとすると、それは1週間に1往復まででなければならないという意味です。

Q 11

最大運転時間の計算は、どのようにするのでしょうか？

A 特定の日を起算日として２日ごとに区切り、その平均が１日９時間、１週44時間以内であるかどうかということになります。

最大運転時間が改善基準違反となるかどうかは、次の図により判断されます。

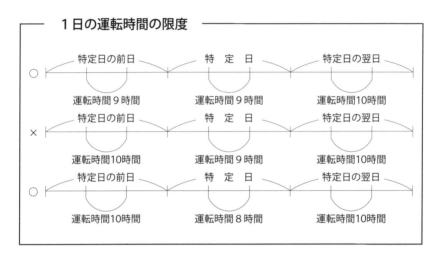

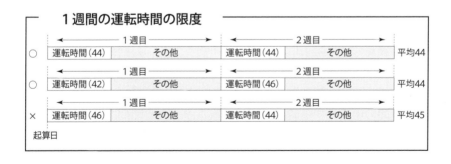

連続運転時間の限度

4時間	30分

ただし、運転開始後４時間以内または４時間経過直後に運転を中断する場合の休憩等については、少なくとも１回につき10分以上としてうえで分割することもできます（下図参照）。

連続運転時間の限度（分割）

○	1時間20分	10分	1時間20分	10分	1時間20分	10分
○	2時間40分		20分	1時間20分		10分
×	4時間10分				30分	
×	1時間25分	5分	1時間25分	5分	1時間10分	20分

運転時間 [　　　]　　　休憩時間 [　　　]

Q 12

労働基準監督署から、長距離トラックの場合の走行計画（ダイヤ）を作成するようにいわれましたが、どのようなものでしょうか？

A 長距離運送の場合には、高速道路を使用するかしないかにもよりますが、特段の事故渋滞等がなければ、誰が運転してもどこそこに着くのは何時頃になる、といったことを、自動車運転者はよくわかっているものです。

そこで、何時に車庫を出発した場合には、どの道路をどう通っていき、運転時間の中断をする時間をどこで取るか、食事時間をどこのサービスエリアでとるか、どこのトラックターミナルで休憩をどれだけとるか、目的地である○○株式会社◎◎工場には、何時何分ころ到着するか、といった基本となる運行経路を定めておき、そのルートで所定の時刻に運行するように自動車運転者に指示します。

具体的には、次の事項を記載した走行計画を作成し、運転者に適切な指示をすることとされています（交通労働災害防止のためのガイドライ

ン（本書215ページ参照））。

   ア   走行の開始・終了の地点、日時

   イ   運転者の拘束時間、運転時間と休憩時間

   ウ   走行時に注意を要する箇所の位置

   エ   荷役作業の内容と所要時間（荷役作業がある場合のみ）

   オ   走行経路、経過地の出発・到着の日時の目安

　経路の途中での事故渋滞や、自動車の故障等がない限り、誰もがおおむねこの時間で到着できるはずです。これが、基本ダイヤと呼ばれるもので、行き先ごとに実際の走行状態を踏まえて作成しておきます。

　事故や故障等が起きた場合には、運転日報にその旨記載します。現在では、高速道路等における事故等は、インターネット等で公表されていますから、その確認は難しくありません。この場合には、その延長された必要な時間は、時間外労働になります。渋滞等は、タコグラフでも確認できます。

走行計画作成例

　車庫（横浜市鶴見区）出発（荷は、あらかじめ積み置き）21時30分
　首都高速1号横羽線大黒インター通過　　21時40分
　東名高速道路横浜インター通過　　　　　○時○分
　東名高速道路浜名湖サービスエリア到着　○時○分（休憩30分）
　東名高速道路栗東インターチェンジ通過　○時○分
　提携先　株式会社滋賀運送　車庫にて休憩　　4時間30分
　目的地　株式会社◎◎製作所大津工場到着　　○時○分
　　　　　荷卸しに必要な時間　　1時間○分

　同様に、その日の帰りのダイヤを作成します。やはり、夜出発するのが一般的ですから、この例を裏返したような運行計画になるでしょう。場合によっては、帰りの荷を取りに行く場所が目的地から少し離れているかもしれません。

　なお、北海道等一定の地域を除けば、一般道は時速20キロ程度、高速道路は時速70キロ程度で作成すると、現実に合うものとなります。もちろん地域によっても違います。都内だと、一般道の日中は時速15キロ程度が一般的です。

バイクでもそんなに早くは行けない

走行計画

　私が行政にいた頃、ある運送会社に走行計画の作成を指導したことがあり、まもなく社長が作成したものを持ってきました。それを見て私は社長に言いました。「私はバイク（自動二輪）に乗っているけど、あなたの会社からこの目的地まで、バイクでもその時間で行くのは無理ですよ。あなたの会社のトラックはどうやってその時間で行くのですか」と。社長は、しぶしぶ「作り直します」と言って帰りました。

Q 13

「時間外労働及び休日労働に関する協定」はどのように締結すればよいでしょうか？

A Q8の拘束時間を踏まえて、1日と1カ月の最大の時間外労働時間数を出します。

1カ月の拘束時間の合計は284時間で年間3300時間ですが、労使協定により年間3400時間の範囲で6カ月については310時間とすることが可能です。この場合、月284時間超は連続3カ月まで、1カ月の時間外・休日労働時間数が100時間未満となるよう努めなければなりません。

そして、日勤勤務の1日の拘束時間は最大15時間ですから、1日当たりの限度は、

15時間－8時間（1日の法定労働時間）－1時間（休憩時間）
＝6時間

の計算から、6時間となります。

1カ月の限度は、変形労働時間制の総枠となる労働時間の最大が177.1時間であり、これを8時間で割ると22日の出勤となります。

310時間－（8時間＋1時間）×22日＝112時間

となります。

ところで、28日の月でも1カ月の拘束時間の総枠は変わりませんから、上記の式を28日の月の20日出勤で見れば、

310時間－（8時間＋1時間）×20日＝130時間

となり、これが、1カ月の時間外労働等の最大限度となります。

時間外労働及び休日労働に関する協定は、これらの計算を踏まえ、モデル協定に示された文言で締結し、届け出ることとなります。モデル協定は、次問を参照してください。

Q 14

「時間外労働及び休日労働に関する協定」の作成例、特に協定の例はどのようになっていますか?

A

厚生労働省から、次の協定例が示されています。

(参考) 1箇月及び1年の拘束時間の延長に関する協定書 (例)
(トラック運転者)

　　○○運輸株式会社代表取締役○○○○と○○運輸労働組合執行委員長○○○○ (○○運輸株式会社労働者代表○○○○) は、「自動車運転者の労働時間等の改善のための基準」第4条第1項第1号ただし書の規定に基づき、拘束時間に関し、下記のとおり協定する。

記

1　本協定の適用対象者は、トラックの運転の業務に従事する者とする。
2　1箇月及び1年の拘束時間は下の表のとおりとする。なお、各月の起算日は1日とする。

4月	5月	6月	7月	8月	9月	10月	11月	12月	1月	2月	3月	年間計
295時間	284時間	245時間	267時間	300時間	260時間	250時間	295時間	310時間	300時間	284時間	310時間	3,400時間

3　本協定の有効期間は、○年4月1日から○年3月31日までとする。
4　本協定に基づき1箇月及び1年の拘束時間を延長する場合においても、1箇月の時間外休日労働時間数が100時間未満となるよう努めるものとする。
5　本協定に定める事項について変更する必要が生じた場合には、14日前までに協議を行い、変更を行うものとする

　　○年○月○日

以上

　　　　○○運輸労働組合執行委員長　　○○○○　印
　　　　(○○運輸株式会社労働者代表　　○○○○　印)

　　　　○○運輸株式会社代表取締役　　○○○○　印

様式第9号の3の4（第70条関係）

時間外労働　に関する協定届
休日労働

労働保険番号						
法人番号						

事業の種類	事業の名称	事業の所在地（電話番号）	協定の有効期間
一般貨物自動車運送業（トラック）	○○運輸株式会社　○○支店	（〒○○○－○○○○）○○府○○市○○町1－2－3　（電話番号：○○○－○○○－○○○○）	○○○○年4月1日から1年間

時間外労働

	時間外労働をさせる必要のある具体的事由	業務の種類	労働者数（満18歳以上の者）	所定労働時間（1日）（任意）	1日 法定労働時間を超える時間数	1日 所定労働時間を超える時間数（任意）	1箇月（①については45時間まで、②については42時間まで）法定労働時間を超える時間数	1箇月 所定労働時間を超える時間数（任意）	1年（①については360時間まで、②については320時間まで 起算日○○○○年4月1日）法定労働時間を超える時間数	1年 所定労働時間を超える時間数（任意）
① 下記②に該当しない労働者	季節的な繁忙、発注の増加に対処するため	自動車運転者（トラック）	20人	7.5時間	5時間	5.5時間	45時間	55時間	360時間	410時間
	一時的な経理事務の変化に対処するため	運行管理者	3人	7.5時間	3.5時間	3.5時間	45時間	55時間	360時間	410時間
	季節的な繁忙、発注の増加に対処するため	荷役作業員	10人	7.5時間	3時間	3.5時間	30時間	40時間	250時間	300時間
② 1年以内の変形労働時間制により労働する労働者	予期せぬ車両トラブルに対処するため	自動車整備士	5人	7.5時間	3.5時間	3.5時間	42時間	52時間	320時間	370時間
	月末の決算業務	経理事務員	5人	7.5時間	2.5時間	2.5時間	20時間	30時間	200時間	320時間

休日労働

休日労働をさせる必要のある具体的事由	業務の種類	労働者数（満18歳以上の者）	所定休日（任意）	労働させることができる法定休日の日数	労働させることができる法定休日における始業及び終業の時刻
季節的な繁忙、発注の増加に対処するため	自動車運転者（トラック）	20人	毎週2日	法定休日のうち、2週を通じて1回	9:00～23:00
季節的な繁忙、発注の増加に対処するため	運行管理者	3人	毎週2回	法定休日のうち、4週を通じて2回	9:00～23:00

☑（チェックボックスに要チェック）

上記で定める時間数にかかわらず、時間外労働及び休日労働を合算した時間数は、1箇月について100時間未満でなければならず、かつ2箇月から6箇月まで平均して80時間を超過しないこと。☑（チェックボックスに要チェック）（自動車運転者の業務）

協定の成立年月日　○○○○　年　3　月　12　日

協定の当事者である労働組合（事業場の労働者の過半数で組織する労働組合）の名称又は労働者の過半数を代表する者の　職名　経理担当事務員　氏名　山田　花子　☑ ○○運輸労働組合　又は ○○運輸労働組合

協定の当事者（労働者の過半数を代表する者の場合）の選出方法（　投票による選挙　）

上記協定の当事者である労働組合が事業場の全ての労働者の過半数で組織する労働組合である又は上記協定の当事者である労働者の過半数を代表する者が事業場の全ての労働者の過半数を代表する者であること。☑（チェックボックスに要チェック）

上記労働者の過半数を代表する者が、労働基準法第41条第2号に規定する監督又は管理の地位にある者でなく、かつ、同法に規定する協定等をする者を選出することを明らかにして実施される投票、挙手等の方法による手続により選出された者であって使用者の意向に基づき選出されたものでないこと。☑（チェックボックスに要チェック）

○○○○　年　3　月　15　日

使用者　職名　代表取締役　氏名　田中　太郎

○　○　労働基準監督署長殿

時間外労働及び休日労働に関する協定届 (例)(様式9号の3の5)(限度時間を超える場合(特別条項))

時間外労働
休日労働 に関する協定届(特別条項)

様式第9号の3の5(第70条関係)

業務の種類	労働者数(満18歳以上の者)	1日(任意) 延長することができる時間数(法定労働時間を超える時間数)	1日(任意) 所定労働時間を超える時間数(任意)	1箇月 限度時間を超えて労働させることができる回数(6回以内に限る。)	1箇月 延長することができる時間数及び休日労働の時間数(時間外労働及び休日労働を合算した時間数。100時間未満に限る。)	1箇月 所定労働時間を超える時間数と休日労働の時間数を合算した時間数(任意)	1箇月 限度時間を超えた労働に係る割増賃金率	1年 延長することができる時間数(時間外労働のみの時間数。720時間以内に限る。)起算日(年月日)○○○○年○月○日	1年 所定労働時間を超える時間数(任意)	1年 限度時間を超えた労働に係る割増賃金率
① 臨時的に限度時間を超えて労働させる場合 下記②以外の者 突発的な顧客需要、発注の増加に対応するため 運行管理者	3人	7時間	7.5時間	4回	60時間	70時間	35%	560時間	670時間	35%
予算、決算業務の集中 経理事務員	5人	6時間	6.5時間	3回	55時間	65時間	35%	450時間	570時間	35%
② 自動車の運転の業務に従事する労働者 突発的な顧客需要、発注の増加に対応するため 自動車運転者(トラック)	20人	6時間	6.5時間	8回	75時間	85時間	35%	750時間	870時間	35%

限度時間を超えて労働させる場合における手続　労働者代表者に対する事前申し入れ

限度時間を超えて労働させる労働者に対する健康及び福祉を確保するための措置　(該当する番号)②、③、⑩(具体的内容)対象労働者への医師による面接指導の実施、年次有給休暇についてまとまった日数連続して取得することを含めた取得の促進、職場での時短対策会議の開催

上記で定める時間数にかかわらず、時間外労働及び休日労働を合算した時間数は、1箇月について100時間未満でなければならず、かつ2箇月から6箇月までを平均して80時間を超過しないこと。(自動車の運転の業務に従事する者は除く。)　☑(チェックボックスに要チェック)

協定の成立年月日　○○○○年　3　月　12　日

協定の当事者である労働組合(事業場の労働者の過半数で組織する労働組合)の名称又は労働者の過半数を代表する者の　職名　配送担当主任　氏名　山田 花子

協定の当事者(労働者の過半数を代表する者の場合)の選出方法　(投票による選挙)

上記協定の当事者である労働組合が事業場の全ての労働者の過半数で組織する労働組合である又は上記協定の当事者である労働者の過半数を代表する者が事業場の全ての労働者の過半数を代表する者であること。☑(チェックボックスに要チェック)

上記労働者の過半数を代表する者が、労働基準法第41条第2号に規定する監督又は管理の地位にある者でなく、かつ、同法に規定する協定等をする者を選出することを明らかにして実施される投票、挙手等の方法による手続により選出された者であつて使用者の意向に基づき選出されたものでないこと。☑(チェックボックスに要チェック)

○○○○年　3　月　15　日

使用者　職名　代表取締役　氏名　田中 太郎

又は　○○運送労働組合

○ ○ 労働基準監督署長殿

時間外労働及び休日労働に関する協定書(例)

　○○運輸株式会社代表取締役○○○○(以下「甲」という。)と○○運輸株式会社労働者代表○
○○○(○○運輸労働組合執行委員長○○○○)は、労働基準法第36条第1項の規定に基づき、労
働基準法に定める法定労働時間(1週40時間、1日8時間)を超える労働及び変形労働時間制の定め
による所定労働時間を超える労働時間で、かつ1日8時間、1週40時間の法定労働時間又は変形期間
の法定労働時間の総枠を超える労働(以下「時間外労働」という。)並びに労働基準法に定める休日
(毎週1日又は4週4日)における労働(以下「休日労働」という。)に関し、次のとおり協定する。

第1条　甲は、時間外労働及び休日労働を可能な限り行わせないよう努める。

第2条　甲は、就業規則第○○条の規定に基づき、必要がある場合には、次により時間外労働を
　　　行わせることができる。

	時間外労働を させる必要のある 具体的事由	業務の種類	従事する 労働者数 (満18歳 以上の者)	延長することができる時間		
				1日	1箇月	1年
① 下記②に 該当しない 労働者	季節的な需要、発注の増加に対処するため	自動車運転者 (トラック)	20人	5時間	45時間	360時間
	一時的な道路事情の変化等に対処するため					
	季節的な需要、発注の増加に対処するため	運行管理者	3人	5時間	45時間	360時間
	季節的な需要、発注の増加に対処するため	荷役作業員	10人	3時間	30時間	250時間
② 1年単位の 変形労働時間制に より労働する 労働者	予期せぬ車両トラブルに対処するため	自動車整備士	3人	3時間	42時間	320時間
	月末の決算業務	経理事務員	5人	2時間	20時間	200時間

2　自動車運転者(トラック)については、前項の規定により時間外労働を行わせることによって「自動車
　運転者の労働時間等の改善のための基準」(以下「改善基準告示」という。)に定める1箇月及び1
　年についての拘束時間並びに1日についての最大拘束時間の限度を超えることとなる場合において
　は、当該拘束時間の限度をもって、前項の時間外労働時間の限度とする。

第3条　甲は、就業規則第○○条の規定に基づき、必要がある場合には、次により休日労働を行わせることができる。

休日労働をさせる必要のある具体的事由	業務の種類	従事する労働者数(満18歳以上の者)	労働させることができる法定休日の日数並びに始業及び終業の時刻
季節的な需要、発注の増加に対処するため	自動車運転者(トラック)	20人	・法定休日のうち、2週を通じて1回 ・始業時刻　午前9:00 ・終業時刻　午後11:00
季節的な需要、発注の増加に対処するため	運行管理者	3人	・法定休日のうち、4週を通じて2回 ・始業時刻　午前9:00 ・終業時刻　午後11:00

2　自動車運転者(トラック)については、前項の規定により休日労働を行わせることによって、改善基準告示に定める1箇月及び1年についての拘束時間並びに1日についての最大拘束時間の限度を超えることとなる場合においては、当該拘束時間の限度をもって、前項の休日労働の限度とする。

第4条　通常予見することのできない業務量の大幅な増加等に伴う臨時的な場合であって、次のいずれかに該当する場合は、第2条の規定に基づき時間外労働を行わせることができる時間を超えて労働させることができる。

	臨時的に限度時間を超えて労働させることができる場合	業務の種類	従事する労働者数(満18歳以上の者)	1日 延長することができる時間数	1箇月 限度時間を超えて労働させることができる回数	1箇月 延長することができる時間数及び休日労働の時間数	1年 延長することができる時間数
① 下記②に該当しない労働者	突発的な顧客需要、発注の増加に対処するため	運行管理者	3人	7時間	4回	60時間	550時間
	予算、決算業務の集中	経理事務員	5人	6時間	3回	55時間	450時間
② 自動車の運転の業務に従事する労働者	突発的な顧客需要、発注の増加に対処するため	自動車運転者(トラック)	20人	6時間	8回	75時間	750時間

2　前項の規定に基づいて限度時間を超えて労働させる場合の割増率は35%とする。
　　なお、時間外労働が1箇月60時間を超えた場合の割増率は50%とする。

3　第1項の規定に基づいて限度時間を超えて労働させる場合における手続及び限度時間を超えて労働させる労働者に対する健康及び福祉を確保するための措置については、次のとおりとする。

限度時間を超えて労働させる場合における手続	労働者代表者に対する事前申し入れ
限度時間を超えて労働させる労働者に対する健康及び福祉を確保するための措置	・対象労働者への医師による面接指導の実施 ・年次有給休暇についてまとまった日数連続して取得することを含めた取得の促進 ・職場での時短対策会議の開催

4　自動車運転者(トラック)については、第1項の規定により時間外労働を行わせることによって改善基準告示に定める1箇月及び1年についての拘束時間並びに1日についての最大拘束時間の限度を超えることとなる場合においては、当該拘束時間の限度をもって、第1項の時間外労働の時間の限度とする。

第5条　第2条から第4条までの規定に基づいて時間外労働又は休日労働を行わせる場合においても、自動車運転者(トラック)については、各条に定める時間数等にかかわらず、時間外労働及び休日労働を合算した時間数は1箇月について100時間未満となるよう努めるものとする。

2　自動車運転者(トラック)以外の者については、各条により定める時間数等にかかわらず、時間外労働及び休日労働を合算した時間数は、1箇月について100時間未満でなければならず、かつ2箇月から6箇月までを平均して80時間を超過しないこととする。

第6条　第2条から第4条までの規定に基づいて時間外労働又は休日労働を行わせる場合においても、自動車運転者(トラック)については、改善基準告示に定める運転時間の限度を超えて運転業務に従事させることはできない。

第7条　甲は、時間外労働を行わせる場合は、原則として、前日の終業時刻までに該当労働者に通知する。また、休日労働を行わせる場合は、原則として、2日前の終業時刻までに該当労働者に通知する。

第8条　第2条及び第4条の表における1年の起算日はいずれも〇年4月1日とする。

2　本協定の有効期間は、〇年4月1日から〇年3月31日とする。

〇年3月12日

　　　　　　　　　　　　　　〇〇運輸株式会社
　　　　　　　　　　　　　　　　労働者代表　　〇〇〇〇　　印
　　　　　　　　又は　　〇〇運輸労働組合
　　　　　　　　　　　　　　　　執行委員長　　〇〇〇〇　　印
　　　　　　　　　　　　　　〇〇運輸株式会社
　　　　　　　　　　　　　　　　代表取締役　　〇〇〇〇　　印

Q 15

「協定届」の中で、特に重要な箇所というのはどの点でしょうか？

A 時間外労働と休日労働に関し、それぞれ次の文が必ず入っていなければなりません。

1 時間外労働

> 自動車運転者については、前項の規定により時間外労働を行わせることによって「自動車運転者の労働時間等の改善のための基準」（以下「改善基準告示」という。）に定める１カ月についての拘束時間および１日についての最大拘束時間の限度を超えることとなる場合においては、当該拘束時間の限度をもって、前項の時間外労働の限度とする。

2 休日労働

> 自動車運転者については、前項の規定により休日労働を行わせることによって「改善基準告示」に定める１カ月についての拘束時間および１日についての最大拘束時間の限度を超えることとなる場合においては、当該拘束時間の限度をもって、前項の時間外労働の限度とする。

労働基準監督署の受付窓口においては、この２つが協定書の中に入っているかどうかをチェックします。これらが入っていないと、再度協定を締結し直すように促されます。

それは、この２つの文により、時間外労働と休日労働を合わせて、月の大小にかかわらず、改善基準の１カ月の拘束時間の枠（限度）を超えることがないということが示されているからです。

この２つの文が入っていれば、１カ月における時間外労働の時間数が小の月を基準に長めの時間数となっていても、労働基準監督署としては受理してもよいわけです。

Q 16

A 　時間外労働の1日の限度、1カ月の所定労働時間の合計等にかかわらず、結果として改善基準に定める1カ月の拘束時間の合計に合致するようにする、という意味です。

　拘束時間は1カ月の合計として定められていますから、時間外労働が増えれば休日労働の枠が減り、休日労働を行わせれば時間外労働の枠が減ります。

　36協定届では、時間外労働の1日の限度時間とともに、一定の期間（1週、4週、1カ月等）における限度時間を定めなければなりません。

　一方、改善基準は1カ月の総枠を定めていることから、大の月には出勤日数が多いので時間外労働等の限度が減り、小の月には出勤日数が減るので時間外労働等の枠は増えることになります。

　労働基準法第36条第1項では、「その協定で定めるところによつて労働時間を延長し、又は休日に労働させることができる。」としています。このため、1日の限度は、最大限度を定める一方、一定の期間における限度も協定としては最大限度を定めておく必要がありますから、出勤日数が少ない小の月を基準に定めます。

　そのままでは、大の月に改善基準の限度を超えてしまいますが、「時間外労働を行わせることによって「改善基準告示」に定める1箇月についての拘束時間及び1日についての最大拘束時間の限度を超えることとなる場合においては、当該拘束時間の限度をもって、前項の時間外労働の限度とする。」と協定していますので、その月の大小にかかわらず時間外労働と休日労働の限度枠は、改善基準の定めるところによることとなります。

　そしてその結果、改善基準に違反すると、時間外労働および休日労働に関する協定届の限度を超えることとなり、同項の「定めるところ」を超えることとなります。

　そして、同時に、労働時間に関する同法第32条違反となり、罰則の

適用を受けることとなるものです。ただし、罰則を適用するかどうか（送検するかどうか）は、労働基準監督署の判断（裁量）によります。

第3節　労働時間、休日、休憩の特例

　第2節では原則部分を述べましたが、道路貨物運送業界での実情は、それだけでは経営が成り立ちません。そのため、一定の要件を備えた場合には、それぞれの特例が認められることとされています。本節では、その特例について説明します。

Q 17

　改善基準において特例が認められているとのことですが、トラックにおける特例とはどのようなものでしょうか？

A　厚生労働省労働基準局長が定める特例が認められるものとして、改善基準第4条第4項により次の4つの場合が挙げられています。これらのうちいずれかに該当する場合には、休息期間を分割することができたり、1日の拘束時間の限度を伸ばすなどの特例が認められます。

　1　業務の必要上、勤務の終了後継続9時間以上の休息期間を与えることが困難な場合

　2　自動車運転者が同時に1台の自動車に2人以上乗務する場合

　3　自動車運転者が隔日勤務に就く場合

　4　自動車運転者がフェリーに乗船する場合

Q 18

「業務の必要上、勤務の終了後継続９時間以上の休息期間を与えることが困難な場合」とは、どのような場合でしょうか？

A 前節のＱ12のように、夜出発し、早朝に目的地に到着してから、工場等の始業時刻まで休憩し、荷卸しをした後再度休憩を取り、夕方帰りの荷を積み込んで夜出発して帰路につく、というような勤務形態がまま行われています。

この場合、改善基準に定める休息期間の分割に関する要件を満たせば、途中の休憩を、休息期間を分割した一部として扱うというものです。

改善基準第４条第４項第１項によれば、「業務の必要上、勤務の終了後継続９時間以上の休息期間を与えることが困難な場合には、一定期間（１か月程度を限度とする）における全勤務回数の２分の１を限度に、休息期間を拘束時間の途中および拘束時間の経過直後に分割して与えることができるものとする。」とされています。これを休息期間の分割といいます。

休息期間を分割して与えることができるためには、１日において１回当たり継続３時間以上とし、２分割の場合は合計 10 時間以上、３分割の場合は合計 12 時間以上であることが必要です。

分割の例としては、次のようなものがあります。

1　４時間、６時間で与える。

2　５時間、５時間で与える。

3　４時間、４時間、４時間の３回で与える。

なお、本章Ｑ21で後述しますが、フェリーに２時間以上乗船する場合には、休息期間の分割付与は適用されません。

Q 19

「自動車運転者が同時に１台の自動車に２人以上乗務する場合」とは、どのような場合でしょうか？

A 業界で「ツーマン」と呼ばれる場合のことです。ツーマンとは、２人乗務のことをいいます。

改善基準第４条第４項第２号によれば、「自動車運転者が同時に１台の自動車に２人以上乗務する場合であって、車両内に身体を伸ばして休息することができる設備があるときは、最大拘束時間を20時間まで延長することができるとともに、休息時間を４時間まで短縮することができる。」とされています。

この場合、「車両内に身体を伸ばして休息できる設備」が自動車運転者の休息のためのベッドまたはこれに準ずるものとして厚生労働省労働基準局長が定める設備に該当する場合で、かつ、勤務終了後、継続11時間以上の休息期間を与える場合は、最大拘束時間を24時間まで延長することができます。この場合において、８時間以上の仮眠を与える場合には、当該拘束時間を28時間まで延長することができる（同号ただし書）とされています。

「局長が定める設備」は、次のいずれにも該当する車両内ベッドをいいます（令4.12.23 基発1223第３号）。

（ア）長さ198cm以上、かつ、幅80cm以上の連続した平面であること。

（イ）クッション材等により走行中の路面等からの衝撃が緩和されるものであること。

「これに準ずるもの」については、車両の技術開発の動向等を踏まえ検討されるものであり、現時点では上記（ア）（イ）に該当する車両内ベッドのみが、ただし書の特例の対象となる。

特例通達においては、２人乗務の場合には、拘束時間を「20時間」まで延長し、休息期間を「４時間」まで短縮できるとされていたが、馬匹輸送（競走馬輸送）におけるトラックの運行実態等を踏まえ、

トラック運転者の疲労の蓄積を防ぐ等の観点から車両内ベッド等が一定の基準を満たす場合には、拘束時間を延長できることとしたこと。また、「20時間」を超えて拘束時間を延長する場合には、一の運行終了後、「継続11時間以上」の休息期間を確保する必要があるとしたこと。

なお、車両内ベッドについては、関係法令の趣旨を踏まえ、安全な乗車を確保できるようにする必要があるところ、例えば、運転席の上部に車両内ベッドが設けられている場合、当該車両内ベッドにおいては、安全な乗車が確保できないことから、2人乗務において使用することは当然に認められない。

Q 20

「自動車運転者が隔日勤務に就く場合」とは、どのような場合でしょうか？

A 隔日勤務とは、2暦日に及ぶ拘束時間を設定し、1日おきに勤務する形態をいいます。

業務の必要上やむを得ない場合には、自動車運転者を一定の条件で隔日勤務に就かせることができます。隔日勤務では、1勤務の拘束時間を長く設定できます。

その条件は、次の2つです（改善基準第4条第4項第3号）。

① 2暦日における拘束時間が21時間を超えないこと。

ただし、局長が定める施設において、夜間に4時間以上の仮眠時間を与える場合には、2週間について3回を限度に、この2暦日における拘束時間を24時間まで延長することができます。この場合においても、2週間における総拘束時間は126時間（21時間×6勤務）を超えてはなりません。

「局長が定める施設」とは、事業場内仮眠施設又は使用者が確保した同種の施設をいいます（令4.12.23基発1223第3号）。すなわち、同業他社と提携して相互に仮眠施設を利用するようにしたり、各地のト

ラックターミナルにおける仮眠施設を利用できるようにした場合のそれぞれの施設をいいます。

② 勤務終了後、継続20時間以上の休息期間を与えること。

　これは、日勤勤務と隔日勤務を混ぜた勤務割にしないようにということです。

　日勤勤務と隔日勤務を混ぜた勤務割は、労働者の生理的機能への影響が大きく負担が重いので認められていません。両方の勤務を併用する場合には、一定期間ごとに交替させるような勤務割を制度として設けることが必要でしょう。

　この「一定期間」について、通達ではどの程度の期間とは述べていませんが、本章Q18を参考に、原則として2週間から4週間程度とし、業務の必要上やむを得ない場合であっても2カ月程度を限度とするのが妥当と考えられます。

Q 21

「自動車運転者がフェリーに乗船する場合」とは、どのような場合でしょうか？

A　我が国は島国ですから、行き先によっては自動車運転者が運行の途中でフェリーに乗船することがあります。この場合には、拘束時間と休息期間について特例が設けられています。その特例は、次の点です（改善基準第4条第4項第4号）。

　フェリー乗船時間は休息期間として取り扱うことができます。

　フェリー乗船時間が2時間を超える場合には、その超える時間を、勤務終了後に与えるべき休息期間から減らすことができます。

　すなわち、通常の場合の8時間、2人乗務の場合の4時間、隔日勤務の場合の20時間から、その乗船時間を引くことができます。ただし、その場合においても、減算した後の休息時間は、2人乗務の場合を除き、フェリー下船時刻から勤務終了時刻までの間の時間の半分以上でなければなりません（令4.12.23基発1223第3号）。

Q 22

　地震等の自然災害、トンネル火災、予期せぬ車両故障など予期し
ない事象が生じた場合には、これへの対応時間について、改善基準
の特例があると聞きました。その内容を教えてください。

A　改善基準第4条第3項において、「第1項第3号に定める1日に
　　ついての拘束時間、同項第6号に定める2日を平均した1日当
たりの運転時間及び同項第7号に定める連続運転時間の規定の適用に当
たっては、予期し得ない事象への対応時間を当該拘束時間、運転時間及
び連続運転時間から除くことができる。この場合、勤務終了後、同項第
5号本文に定める継続した休息期間を与えること。」と規定しています。
これは、今回の改正（令和6年4月1日施行）において追加されました。
　「予期しない事象が生じた場合の対応」については、通達において、
予期せぬ車両故障、乗船予定のフェリーの欠航などが定められています。
詳しくは、第Ⅵ章のQ2を参照してください。
　なお、このような場合に対応した結果、改善基準の定める限度時間を
超えた場合には改善基準の定める拘束時間等に含めなくてもよいとする
ことで、結果として限度を超えてもよいとしています。しかしながら、
労働基準法では、「時間外労働及び休日労働に関する協定届（36協定届）」

の限度を超える労働については、同法第 33 条の規定のよる事前の許可申請または事後の届出（非常災害等の理由による労働時間延長・休日労働許可申請書・届）を必要としています。詳しくは、第Ⅵ章の Q3 を参照してください。

第 V 章

バス業

バス運転者の改善基準告示

令和6年4月～適用

	①②のいずれかを選択	
1か月(1年)、4週平均1週(52週)の拘束時間	**①1か月(1年)の基準** 1年：3,300時間以内 1か月：281時間以内	【例外(貸切バス等乗務者(※1)の場合)】労使協定により、次のとおり延長可 1年：3,400時間以内 1か月：294時間以内(年6か月まで) 281時間超は連続4か月まで ※1：貸切バス乗務者、乗合バス乗務者(一時的需要に応じて運行されるもの)、高速バス乗務者等
	②4週平均1週(52週)の基準 52週：3,300時間以内 4週平均1週：65時間以内	【例外(貸切バス等乗務者(※1)の場合)】労使協定により、次のとおり延長可 52週：3,400時間以内 4週平均1週：68時間以内(52週のうち24週まで) 65時間超は連続16週まで
1日の拘束時間	13時間以内(上限15時間、14時間超は週3回までが目安)	
1日の休息期間	継続11時間以上与えるよう努めることを基本とし、9時間を下回らない	
運転時間	2日平均1日：9時間以内　　4週平均1週：40時間以内 【例外(貸切バス等乗務者(※1)の場合)】労使協定により、4週平均1週44時間まで延長可(52週のうち16週まで)	
連続運転時間	4時間以内(運転の中断は1回連続10分以上、合計30分以上) 高速バス・貸切バスの高速道路の実車運行区間の連続運転時間は、おおむね2時間までとするよう努める 【例外】緊急通行車両の通行等に伴う軽微な移動の時間を、30分まで連続運転時間から除くことができる	
予期し得ない事象	予期し得ない事象への対応時間を、1日の拘束時間、運転時間(2日平均)、連続運転時間(継続11時間以上を基本、9時間を下回らない)から除くことができる(※2,3) 勤務終了後、通常どおりの休息期間(継続11時間以上を基本、9時間を下回らない)を与える ※2：予期し得ない事象とは、次の事象をいう。 ・運転中に乗務している車両が予期せず故障したこと ・運転中に乗車予定のフェリーが欠航したこと ・運転中に災害や事故の発生に伴い、道路が封鎖されたこと又は道路が渋滞したこと ・異常気象(警報発表時)に遭遇し、運転中に正常な運行が困難となったこと ※3：運転日報上の記録に加え、客観的な記録(公的機関のHP情報等)が必要。	
特例	**分割休息(継続9時間の休息期間を与えることが困難な場合)** ・分割休息は1回4時間以上　　・休息期間の合計は11時間以上 ・2分割のみ(3分割以上は不可)　　・一定期間(1か月)における全勤務回数の2分の1が限度	
	2人乗務(自動車運転者が同時に1台の自動車に2人以上乗務する場合) ※4の要件を満たす場合、拘束時間を19時間まで延長し、休息期間を5時間まで短縮可 ※4：身体を伸ばして休息できるリクライニング方式のバス運転者の専用座席が1席以上あること 【例外】①②のいずれかの場合、拘束時間を20時間まで延長し、休息期間を4時間まで短縮可 ①　車両内ベッドが設けられている場合 ②　※4を満たし、カーテン等で他の乗客からの視線を遮断する措置を講じている場合	
	隔日勤務(業務の必要上やむを得ない場合) 2暦日の拘束時間は21時間、休息期間は20時間 【例外】仮眠施設で夜間に仮眠を与える場合、2暦日の拘束時間を24時間まで延長可(2週間に3回まで) 2週間の拘束時間は126時間(21時間×6勤務)を超えることができない	
	フェリー ・フェリー乗船時間は、原則として休息期間(減算後の休息期間は、フェリー下船時刻から勤務終了時刻までの間の時間の2分の1を下回ってはならない) ・フェリー乗船時間が9時間を超える場合、原則としてフェリー下船時刻から次の勤務が開始される	
休日労働	休日労働は2週間に1回を超えない、休日労働によって拘束時間の上限を超えない	

(注1)改善基準告示とは、「自動車運転者の労働時間等の改善のための基準(平成元年労働省告示第7号)」をいう。
(注2)本表は、令和4年厚生労働省告示第367号による改正後の改善基準告示のほか、関連通達(令和4年基発1223第3号)の内容を含めて作成したもの。令和6年4月1日から適用される。

2023.3

概　説

　「一般乗用旅客自動車運送業以外の旅客自動車運送事業」とは、バス業です。バスは、路線バスと貸切バスに大別されます。

　平成 25 年（2013 年）の関越道でのバス事故、翌年の北陸道での事故等、大勢を巻き込む重大な交通事故が発生しており、国土交通省が規制緩和策の見直しをした結果、高速ツアーバスは廃止され、高速乗合バスと貸切バスになりました。また、貸切バス等におけるワンマン運行の限度を改正したことから、日帰りバスツアーの行き先が制限されることとなっています。

　本章では、バス業に関する改善基準の規制にとどまらず、近年注目されている国土交通省の基準についても説明します。

第1節　バス業の種類と特徴

　バス業には、いくつかの区分があります。改善基準の規制は、拘束時間を始めとする一部に限られますので、長距離バスにおける交替要員に関する基準のように、国土交通省の基準にも配慮しなければなりません。

Q 1
バス業には、どのような種類があるのでしょうか？

A　大別すると、路線バスと貸切バスがあります。

　路線バスとは、鉄道の駅や空港などを出発点とするなどして、所定の走行経路を決められた時間で走行するものです。もっぱら高速道路を走行し、主要都市間を結ぶものもあります。夜行バスも少なくありません。定期的に所定の経路について運行されているものをいいます。いわゆる帰省バスのように、夏季と年末年始などに限定して運行されるものもあります。

　これに対し、貸切バスは、多くの会社が参入しています。個別の需要

に応じて1台ごとに貸切形態をとるものと、旅行会社の企画に合わせて旅程を組むものがあります。また、スポーツ施設、レジャー施設や温泉施設・旅館・ホテルなどが顧客の送迎に使うものもありますし、各種学校の生徒・学生の送迎用の場合もあります。

規制緩和により、道路貨物自動車運送業やタクシー業など多くの企業が参入し、かなり競争が厳しい業界でしたが、新型コロナウイルス感染症の影響で廃業も増えています。たとえば、タクシーは年間10万km走行し、毎年車検を受検して4年、40万kmで廃車にするのが通例でしたが、今はさらに走行させています。貸切バスは、100万kmを超える走行距離の車両がかなりあるとされています。

わずか数台のバスを保有して貸切バスを営業する会社も少なくなく、たとえば、神奈川県内には、大手と中小を合わせると100社を超えるバス会社があります。円安、原油高の影響も大きい業界です。

Q2
改善基準で問題となるのは、どのような運行形態でしょうか？

A 主として高速乗合バスと貸切バスです。長距離運行のバスが中心です。1回の運行距離が長く、拘束時間も長いことが特徴です。また、泊まりがけの勤務も多いという特徴があります。

路線バスは、それほど問題がないように思われますが、運行台数に応じた自動車運転者の人数が確保されていないと、改善基準違反が生じることがあります。

また、自動車運転者の人数不足により年次有給休暇の取得がままならないと労働基準法第39条違反となることもあり得ますし、1人当たりの残業時間等が増加するとなれば、過労運転防止対策の強化が求められます。

コラム　路線バスも人手不足

　タクシー業界は人手不足が常態化し、しばらく前から女性ド
ライバーが増加しています。数年前からは地域で各社一斉に減
車（登録台数を減らすこと）をしているほどです

　路線バスも、人手不足が深刻です。以前は、大型2種免許を持っ
ている労働者を採用していました。しかし、大型2種免許所持
者が減少の一途をたどり、今日ではそうもいかなくなってきま
した。

　このため、高年齢者雇用安定法に基づく雇用延長や定年後の
再雇用だけでは、人手不足の解消は難しい状況にあります。

　あるバス会社では、高校を卒業した新卒者を運転手として採
用し、3年間かけて大型2種免許をとらせ、運転手として養成
することを行っています。その間は、一般業務や点検修理など
の業務を行わせるわけです。

　業界では、今後、このような動きが広まるものと考えられます。

Q3

貸切バス等の交替運転者の配置基準は、どのようになっています
か？

A 国土交通省により、高速乗合バスと貸切バスの交替運転者の配
置基準が平成25年8月1日から次のよう改められました。

		高速乗合バスの交替運転者の配置基準	貸切バスの交替運転者の配置基準
（1）夜間ワンマン運行に係る規定	①一運行の実車距離	夜間ワンマン運行の一運行の実車距離は、400km（次のイ又はロ（貸切委託運行にあってはイ）に該当する場合にあっては、500km）を超えないものとする。ただし、貸切委託運行を除き、⑥の夜間ワンマン運行の特認を受けた路線を乗務する場合は、この限りでない。 イ　当該運行の運行直前に11時間以上の休息期間を確保している場合 ロ　当該運行の実車距離100kmから400kmまでの間に運転者が身体を完全に伸ばして仮眠することのできる施設（車両床下の仮眠施設等を含む。ただし、リクライニングシート等の座席を除く。）において仮眠するための連続1時間以上の休憩を確保している場合	夜間ワンマン運行の一運行の実車距離は、400km（次のイ及びロに該当する場合にあっては、500km）を超えないものとする。 イ　当該運行の運行直前に11時間以上の休息期間を確保している場合 ロ　当該運行の一運行の乗務時間（当該運行の回送運行を含む乗務開始から乗務終了までの時間をいう。）が10時間以内であること又は当該運行の実車距離100kmから400kmまでの間に運転者が身体を伸ばして仮眠することのできる施設（車両床下の仮眠施設等、リクライニングシート等の座席を含む。）において仮眠するための連続1時間以上の休憩を確保している場合
	②一運行の運転時間	夜間ワンマン運行の一運行の運転時間は、9時間を超えないものとする。ただし、貸切委託運行を除き、1週間当たり3回まで、これを超えることができるものとする。	夜間ワンマン運行の一運行の運転時間は、運行指示書上、9時間を超えないものとする。
	③夜間ワンマン運行の連続乗務回数	夜間ワンマン運行の連続乗務回数は、4回（一運行の実車距離が400kmを超える場合にあっては、2回）以内とする。	夜間ワンマン運行の連続乗務回数は、4回（一運行の実車距離が400kmを超える場合にあっては、2回）以内とする。
	④実車運行区間における連続運転時間	夜間ワンマン運行の高速道路の実車運行区間においては、連続運転時間は、運行計画上、概ね2時間までとする。	夜間ワンマン運行の実車運行区間においては、連続運転時間は、運行指示書上、概ね2時間までとする。

	⑤実車運行区間の途中における休憩の確保	夜間ワンマン運行の実車運行区間においては、運行計画上、実車運行区間における運転時間4時間毎に合計40分以上（一運行の実車距離が400km以下の場合にあっては、合計30分以上）（分割する場合は、1回が連続10分以上）の休憩を確保していなければならないものとする。	夜間ワンマン運行の実車運行区間においては、運行指示書上、実車運行区間における運転時間概ね2時間毎に連続20分以上（一運行の実車距離が400km以下の場合にあっては、実車運行区間における運転時間概ね2時間毎に連続15分以上）の休憩を確保していなければならないものとする。
	⑥一運行の実車距離500kmを超える夜間ワンマン運行路線の特認	①の規定に関わらず、運行管理体制等に係る路線毎の審査により一運行の実車距離500kmを超える夜間ワンマン運行（貸切委託運行を除く。）する路線を設定できるものとする。この場合には、高速乗合バス乗務に係る教育体制、運転者の健康管理体制、当該路線を維持するために必要な運転者数（経験年数を含む。）、当該路線を運行するために必要となる仮眠施設を有する車両の保有台数等を審査するものとする。当該特認を受けた夜間ワンマン運行を行う場合、上記②から⑤までの条件を満たしていることに加え、当該運行に乗務する回数は、1人の運転者につき、1週間当たり2回以内とする。	
(2) 昼間ワンマン運行に係る規定	①一運行の実車距離	昼間ワンマン運行の一運行の実車距離は、500km（次のイ又はロに該当する場合にあっては、600km）を超えないものとする。 イ 当該運行の運行直前に11時間以上の休息期間を確保している場合 ロ 当該運行の実車運行区間の途中に合計1時間以上（分割する場合は、1回連続20分以上）の休憩を確保している場合	昼間ワンマン運行の一運行の実車距離は、500km（当該運行の実車運行区間の途中に合計1時間以上（分割する場合は、1回連続20分以上）の休憩を確保している場合にあっては、600km）を超えないものとする。
	②一運行の運転時間	昼間ワンマン運行の一運行の運転時間は、9時間を超えないものとする。ただし、貸切委託運行を除き、1週間当たり3回まで、これを超えることができるものとする。	昼間ワンマン運行の一運行の運転時間は、運行指示書上、9時間を超えないものとする。ただし、1週間当たり2回まで、これを運行指示書上、10時間までとすることができるものとする。
	③高速道路の実車運行区間における連続運転時間	昼間ワンマン運行の高速道路の実車運行区間においては、連続運転時間は、運行計画上、概ね2時間までとする。	昼間ワンマン運行の高速道路の実車運行区間においては、連続運転時間は、運行指示書上、概ね2時間までとする。

（3）1日乗務に係る規定	①1日の合計実車距離	1日の合計実車距離は600kmを超えないものとする。ただし、貸切委託運行を除き、1週間当たり3回まで、これを超えることができるものとする。	1日の合計実車距離は600kmを超えないものとする。ただし、1週間当たり2回まで、これを超えることができるものとする。
	②1日の運転時間	1日の運転時間は、9時間を超えないものとする。ただし、貸切委託運行を除き、1週間当たり3回まで、これを超えることができるものとする。	1日の運転時間は、運行指示書上、9時間を超えないものとする。ただし、夜間ワンマン運行を行う場合を除き、1週間当たり2回まで、これを運行指示書上、10時間までとすることができるものとする。
（4）乗務中の体調報告		次のイ又はロの運行を行う場合にあっては、それぞれイ又はロに掲げる実車距離において、運転者は所属する営業所の運行管理者又は補助者（この表において「運行管理者等」という。）に電話等で連絡し、体調報告を行うとともに、当該運行管理者等はその結果を記録し、かつ、その記録を1年間保存しなければならない。 イ　一運行の実車距離が400kmを超える夜間ワンマン運行を行う場合　当該運行の実車距離100kmから400kmまでの間 ロ　1日の乗務の合計実車距離が500kmを超えるワンマン運行を行う場合　当該1日の乗務の合計実車距離100kmから500kmまでの間	次のイ又はロの運行を行う場合にあっては、それぞれイ又はロに掲げる実車距離において、運転者は所属する営業所の運行管理者等に電話等で連絡し、体調報告を行うとともに、当該運行管理者等はその結果を記録し、かつ、その記録を1年間保存しなければならない。 イ　一運行の実車距離が400kmを超える夜間ワンマン運行を行う場合　当該運行の実車距離100kmから400kmまでの間 ロ　1日の乗務の合計実車距離が500kmを超えるワンマン運行を行う場合　当該1日の乗務の合計実車距離100kmから500kmまでの間
（5）デジタル式運行記録計による運行管理		一運行の実車距離400kmを超える夜間ワンマン運行又は1日の乗務の合計実車距離500kmを超えるワンマン運行を行う場合には、当該運行の用に供される車両に道路運送車両の保安基準（昭和26年運輸省令第67号）第48条の2第2項の規定に適合するデジタル式運行記録計又はこれと同等の性能を有すると認められる機器（この表において「デジタル式運行記録計等」という。）を装着し、当該運行を行う事業者がそれを用いた運行管理を行わなければならない。	一運行の実車距離400kmを超える夜間ワンマン運行又は1日の乗務の合計実車距離600kmを超えるワンマン運行を行う場合には、当該運行の用に供される車両にデジタル式運行記録計等を装着し、当該運行を行う事業者がそれを用いた運行管理を行わなければならない。

「高速乗合バス及び貸切バスの交替運転者の配置基準」（5）を除き平成25年8月1日（高速ツアーバス及び会員制高速乗合バスから高速乗合バスへの移行のために、乗合バス事業に係る許認可の取得を完了させ、平成25年8月1日より前に高速乗合バスの運行を開始する場合にあっては、その運行を開始する日）から施行する。「高速乗合バス及び貸切バスの交替運転者の配置基準」（5）については平成26年1月1日から施行する。

Q 4
「車内に身体を伸ばして休息することのできる設備」とは、どのようなものでしょうか？

A トラックにおけるベッドと同様の設備です。

バスの場合には、「身体を伸ばして休息できるリクライニング方式の座席で、運転者のために専用の座席が少なくとも1座席以上確保されていることをいう。」（令4.12.23基発1223第3号）とされています。

また、バス車両によっては、客席を減らさないために、車両床下に仮眠施設等を設けている例もあります。客席の床下にある荷物室の横にベッドが設けられているものです。

交替運転者は、このリクライニングシートやベッドで横になって出番まで待機し、途中のサービスエリアなどで交替します。

コラム　　飛行機でも交替運転者等

航空業でも、成田発北米大陸直行便など長時間飛行するものは、機長、副操縦士、キャビンアテンダント等が最初から2組搭乗し、途中で交替します。過労等による事故を防ぐためです。

第2節 労働時間、休日、休憩の原則

本節では、バスにおける労働時間、休日と休憩に関する基本事項を説明します。

Q5

バスの自動車運転者に関する時間外労働と休日労働については、どのような手続があるのでしょうか？

A 「時間外労働及び休日労働に関する協定」を締結し、所轄労働基準監督署長に届け出なければなりません。

この協定については、厚生労働省からモデルが示されています。そして、この協定届の様式に協定書そのものを添付して届け出ることとなります。

協定の締結に当たっては、次の3点に十分留意してください（改善基準第1条第3項）。

1 労働時間を延長して労働させることができる時間（以下「時間外労働時間」という。）は、1カ月について45時間及び1年について360時間（1年単位の変形労働時間制を採用している場合であって、その対象期間として3カ月を超える期間を定めているときは、1カ月について42時間及び1年について320時間。以下「限度時間」という。）を超えない時間に限ることとされていること。

2 1に定める1年の限度時間を超えて労働させることができる時間（以下「臨時的な特別の事情がある場合の時間外労働時間」という。）を定めるに当たっては、事業場における通常予見することのできない業務量の大幅な増加等に伴い臨時的に当該限度時間を超えて労働させる必要がある場合であっても、960時間を超えない範囲内とされていること。

3 1及び2に掲げるもののほか、労働時間の延長および休日の労働は必要最小限にとどめられるべきであることその他の労働時間の延長および休日の労働を適正なものとするために必要な事項については、指針（労働基準法第36条第1項の協定で定める労働時間の延長及び休日の労働について留意すべき事項等に関する指針）において定められていること。

（参考）１箇月及び１年の拘束時間の延長に関する協定書（例）
（バス運転者）

　　○○バス株式会社代表取締役○○○○と○○バス労働組合執行委員長○○○○
（○○バス株式会社労働者代表○○○○）は、「自動車運転者の労働時間等の改善
のための基準」第５条第１項第１号イただし書の規定に基づき、拘束時間に関し、
下記のとおり協定する。

記

1　本協定の適用対象者は、貸切バスの運転の業務に従事する者とする。

2　１箇月及び１年の拘束時間は下の表のとおりとする。なお、各月の起算日は
　　１日とする。

4月	5月	6月	7月	8月	9月	10月	11月	12月	1月	2月	3月	年間計
281時間	288時間	271時間	271時間	294時間	290時間	290時間	294時間	281時間	271時間	288時間	281時間	3,400時間

3　本協定の有効期間は、○年４月１日から○年３月31日までとする。

4　本協定に定める事項について変更する必要が生じた場合には、14日前までに
　　協議を行い、変更を行うものとする。

　　　○年○月○日

　　　　　　　　　　　　　　　　　　　　　　　　　　　　　　　以上

　　　　　　　　　　○○バス労働組合執行委員長　　○○○○　　印
　　　　　　　　　（○○バス株式会社労働者代表　　○○○○　　印）

　　　　　　　　　　○○バス株式会社代表取締役　　○○○○　　印

（参考）4週平均1週及び52週の拘束時間の延長に関する協定書（例）
（バス運転者）

　　○○バス株式会社代表取締役○○○○と○○バス労働組合執行委員長○○○○（○○バス株式会社労働者代表○○○○）は、「自動車運転者の労働時間等の改善のための基準」第5条第1項第1号ロただし書の規定に基づき、拘束時間に関し、下記のとおり協定する。

記

1　本協定の適用対象者は、貸切バスの運転の業務に従事する者とする。

2　4週平均1週及び52週の拘束時間は下の表のとおりとする。なお、4週の起算日は4月1日とする。

第1　4週 (4/1～4/28)	第2　4週 (4/29～5/26)	第3　4週 (5/27～6/23)	第4　4週 (6/24～7/21)	第5　4週 (7/22～8/18)	第6　4週 (8/19～9/15)	第7　4週 (9/16～10/13)
65時間 (4週合計 260時間)	68時間 (4週合計 272時間)	63時間 (4週合計 252時間)	65時間 (4週合計 260時間)	65時間 (4週合計 260時間)	66時間 (4週合計 264時間)	66時間 (4週合計 264時間)

第8　4週 (10/14～11/10)	第9　4週 (11/11～12/8)	第10　4週 (12/9～1/5)	第11　4週 (1/6～2/2)	第12　4週 (2/3～3/2)	第13　4週 (3/3～3/30)	52週間計
66時間 (4週合計 264時間)	68時間 (4週合計 272時間)	65時間 (4週合計 260時間)	64時間 (4週合計 256時間)	66時間 (4週合計 264時間)	63時間 (4週合計 252時間)	3,400時間

※ 3/31の拘束時間：9.28時間（1日÷28週×260時間）

3　本協定の有効期間は、○年4月1日から○年3月31日までとする。

4　本協定に定める事項について変更する必要が生じた場合には、14日前までに協議を行い、変更を行うものとする。

　　○年○月○日

以上

○○バス労働組合執行委員長　　○○○○　　印
（○○バス株式会社労働者代表　　○○○○　　印）

○○バス株式会社代表取締役　　○○○○　　印

（参考）4週平均1週及び52週の運転時間の延長に関する協定書（例）（バス運転者）

　　○○バス株式会社代表取締役○○○○と○○バス労働組合執行委員長○○○○（○○バス株式会社労働者代表○○○○）は、「自動車運転者の労働時間等の改善のための基準」第5条第1項第5号ただし書の規定に基づき、運転時間に関し、下記のとおり協定する。

記

1　本協定の適用対象者は、貸切バスの運転の業務に従事する者とする。

2　4週平均1週及び52週の拘束時間は下の表のとおりとする。なお、4週の起算日は4月1日とする。

第1　4週 (4/1～4/28)	第2　4週 (4/29～5/26)	第3　4週 (5/27～6/23)	第4　4週 (6/24～7/21)	第5　4週 (7/22～8/18)	第6　4週 (8/19～9/15)	第7　4週 (9/16～10/13)
39時間 (4週合計 156時間)	40時間 (4週合計 160時間)	38時間 (4週合計 152時間)	38時間 (4週合計 152時間)	42時間 (4週合計 168時間)	44時間 (4週合計 176時間)	42時間 (4週合計 168時間)

第8　4週 (10/14～11/10)	第9　4週 (11/11～12/8)	第10　4週 (12/9～1/5)	第11　4週 (1/6～2/2)	第12　4週 (2/3～3/2)	第13　4週 (3/3～3/30)	52週間計
44時間 (4週合計 176時間)	37時間 (4週合計 148時間)	40時間 (4週合計 160時間)	38時間 (4週合計 152時間)	38時間 (4週合計 152時間)	40時間 (4週合計 160時間)	2,080時間

※ 3/31の運転時間：5.71時間(1日÷28日×160時間)

3　本協定の有効期間は、○年4月1日から○年3月31日までとする。

4　本協定に定める事項について変更する必要が生じた場合には、14日前までに協議を行い、変更を行うものとする。

　　○年○月○日

以上

　　　　　　　　　○○バス労働組合執行委員長　　○○○○　　印
　　　　　　　　（○○バス株式会社労働者代表　　○○○○　　印）

　　　　　　　　　○○バス株式会社代表取締役　　○○○○　　印

時間外労働及び休日労働に関する協定届（例）（様式第9号の3の4）（限度時間を超えない場合）

様式第9号の3の4（第70条関係）

事業の種類	事業の名称	事業の所在地（電話番号）	協定の有効期間
一般貸切旅客自動車運送事業（バス）	○○バス株式会社　○○支店	（〒 ○○○ ― ○○○○）　○○市○○町1－2－3　（電話番号：○○○－○○○○－○○○○）	○○○○年4月1日から1年間

	時間外労働をさせる必要のある具体的事由	業務の種類	労働者数（満18歳以上の者）	所定労働時間（1日）（任意）	延長することができる時間数

延長することができる時間数

					1日		1箇月（①については45時間まで、②については42時間まで）		1年（①については360時間まで、②については320時間まで）起算日（年月日）○○○○年4月1日	
					法定労働時間を超える時間数	所定労働時間を超える時間数（任意）	法定労働時間を超える時間数	所定労働時間を超える時間数（任意）	法定労働時間を超える時間数	所定労働時間を超える時間数（任意）

時間外労働

① 下記②に該当しない労働者

| 需要の季節的な増大及び突発的な発注の変化に対応するため | 自動車運転者（バス） | 20人 | 7.5時間 | 5時間 | 5.5時間 | 45時間 | 55時間 | 360時間 | 410時間 |
| 一時的な道路条件の変化に伴う運行の変化に対応するため 需要の季節的な増大及び突発的な発注の変化に対応するため | 運行管理者 | 3人 | 7.5時間 | 5時間 | 5.5時間 | 45時間 | 55時間 | 360時間 | 410時間 |

② 1年単位の変形労働時間制により労働する労働者

| 予期せぬ故障トラブルに対応するため | 自動車整備士 | 3人 | 7.5時間 | 3時間 | 3.5時間 | 42時間 | 52時間 | 320時間 | 370時間 |
| 月末の決算業務 | 運輸管理要員 | 5人 | 7.5時間 | 2時間 | 2.5時間 | 20時間 | 30時間 | 200時間 | 320時間 |

	休日労働をさせる必要のある具体的事由	業務の種類	労働者数（満18歳以上の者）	所定休日（任意）	労働させることができる法定休日の日数	労働させることができる法定休日における始業及び終業の時刻

休日労働

| 需要の季節的な増大及び突発的な発注の変化に対応するため | 自動車運転者（バス） | 20人 | 毎週2日 | 法定休日のうち、2週を通じて1回 | 9:00～23:00 |
| 需要の季節的な増大及び突発的な発注の変化に対応するため | 運行管理者 | 3人 | 毎週2日 | 法定休日のうち、4週を通じて2回 | 9:00～23:00 |

上記で定める時間数にかかわらず、時間外労働及び休日労働を合算した時間数は、1箇月について100時間未満でなければならず、かつ2箇月から6箇月までを平均して80時間を超過しないこと。 ☑（チェックボックスに要チェック）

協定の成立年月日　　○○○○　年　3　月　12　日

協定の当事者である労働組合（事業場の労働者の過半数で組織する労働組合）の名称又は労働者の過半数を代表する者の　職名　経理担当事務員
氏名　山田　花子

協定の当事者（労働者の過半数を代表する者の場合）の選出方法（　投票による選挙　）

上記協定の当事者である労働組合が事業場の全ての労働者の過半数で組織する労働組合である又は上記協定の当事者である労働者の過半数を代表する者が事業場の全ての労働者の過半数を代表する者であること。 ☑（チェックボックスに要チェック）

上記労働者の過半数を代表する者が、労働基準法第41条第2号に規定する監督又は管理の地位にある者でなく、かつ、同法に規定する協定等をする者を選出することを明らかにして実施される投票、挙手等の方法による手続により選出された者であって使用者の意向に基づき選出されたものでないこと。 ☑（チェックボックスに要チェック）

○○○○　年　3　月　15　日

　　職名　代表取締役
使用者　氏名　田中　太郎

○○　労働基準監督署長殿

又は　○○バス機械課

時間外労働及び休日労働に関する協定届(例)(様式9号の3の5)(限度時間を超える場合(特別条項))[※1]

様式第9号の3の5 (第70条関係)

時間外労働
休日労働 に関する協定届 (特別条項)

臨時的に限度時間を超えて労働させる場合	業務の種類	労働者数 (満18歳 以上の者)	1日 (任意)		1箇月 (時間外労働及び休日労働を合算した時間数。 100時間未満に限る。)				1年 (時間外労働のみの時間数。 720時間以内に限る。) 起算日 (年月日) ○○○○年○月○日	
			延長することができる時間数		限度時間を超えて労働させることができる回数 (6回以内に限る。)	延長することができる時間数 及び休日労働の時間数	限度時間を超えた労働に係る割増賃金率		延長することができる時間数	限度時間を超えた労働に係る割増賃金率
			法定労働時間を超える時間数	所定労働時間を超える時間数 (任意)		法定労働時間を超える時間数及び休日労働の時間数	所定労働時間を超える時間数及び休日労働の時間数(任意)		法定労働時間を超える時間数	所定労働時間を超える時間数(任意)
① 下記②に該当しない者	突発的な設備の増大及び発注先の変更に対処するため	運行管理者	3人	7時間	7.5時間	4回	60時間	70時間	35%	550時間	670時間	35%
	予算、決算業務の集中	経理事務員	5人	6時間	6.5時間	3回	55時間	65時間	35%	450時間	570時間	35%
② 自動車の運転の業務に従事する労働者	突発的な設備の増大及び発注先の変更に対処するため	自動車運転者 (バス)	20人	6時間	6.5時間	8回	75時間	85時間	35%	750時間	870時間	35%

限度時間を超えて労働させる場合における手続 労働者代表者に対する事前申し入れし対し

限度時間を超えて労働させる労働者に対する健康及び福祉を確保するための措置 (該当する番号)②、⑨、⑩ (具体的内容)対象労働者への医師による面接指導の実施、甲・乙対象月の休日について、まとまった日数連続して取得することを含めた取得の促進

上記で定める時間数にかかわらず、時間外労働及び休日労働を合算した時間数は、1箇月について100時間未満でなければならず、かつ2箇月から6箇月までを平均して80時間を超過しないこと。 ☑ (チェックボックスに要チェック)

協定の成立年月日 ○○○○年 3月 12 日

協定の当事者である労働組合(事業場の労働者の過半数で組織する労働組合)の名称又は労働者の過半数を代表する者の 職名 経理課担当職員 又は ○○バス労働組合
氏名 山田 花子

協定の当事者(労働者の過半数を代表する者の場合)の選出方法 (投票による選挙) 使用者 職名 代表取締役
氏名 田中 太郎

上記協定の当事者である労働組合が事業場の全ての労働者の過半数で組織する労働組合である又は上記協定の当事者である労働者の過半数を代表する者が事業場の全ての労働者の過半数を代表する者であること。☑ (チェックボックスに要チェック)
上記労働者の過半数を代表する者が、労働基準法第41条第2号に規定する監督又は管理の地位にある者でなく、かつ、同法に規定する協定等をする者を選出することを明らかにして実施される投票、挙手等の方法による手続により選出された者であって使用者の意向に基づき選出されたものでないこと。☑ (チェックボックスに要チェック)

○○○○年 3月 15 日

○ ○ 労働基準監督署長殿

時間外労働及び休日労働に関する協定書(例)

　○○バス株式会社代表取締役○○○○(以下「甲」という。)と○○バス株式会社労働者代表○○○○(○○バス労働組合執行委員長○○○○)は、労働基準法第36条第1項の規定に基づき、労働基準法に定める法定労働時間(1週40時間、1日8時間)を超える労働及び変形労働時間制の定めによる所定労働時間を超える労働時間で、かつ1日8時間、1週40時間の法定労働時間又は変形期間の法定労働時間の総枠を超える労働(以下「時間外労働」という。)並びに労働基準法に定める休日(毎週1日又は4週4日)における労働(以下「休日労働」という。)に関し、次のとおり協定する。

第1条　甲は、時間外労働及び休日労働を可能な限り行わせないよう努める。

第2条　甲は、就業規則第○○条の規定に基づき、必要がある場合には、次により時間外労働を行わせることができる。

	時間外労働をさせる必要のある具体的事由	業務の種類	従事する労働者数(満18歳以上の者)	延長することができる時間		
				1日	1箇月	1年
①下記②に該当しない労働者	需要の季節的な増大及び突発的な発注の変更に対処するため	自動車運転者(バス)	20人	5時間	45時間	360時間
	一時的な道路事情の変化等に伴う運行の変化等に対処するため					
	需要の季節的な増大及び突発的な発注の変更に対処するため	運行管理者	3人	5時間	45時間	360時間
②1年単位の変形労働時間制により労働する労働者	予期せぬ車両トラブルに対処するため	自動車整備士	3人	3時間	42時間	320時間
	月末の決算業務	経理事務員	5人	2時間	20時間	200時間

　2　自動車運転者(バス)については、前項の規定により時間外労働を行わせることによって「自動車運転者の労働時間等の改善のための基準」(以下「改善基準告示」という。)に定める1箇月及び1年又は4週平均1週及び52週についての拘束時間並びに1日についての最大拘束時間の限度を超えることとなる場合においては、当該拘束時間の限度をもって、前項の時間外労働時間の限度とする。

第3条　甲は、就業規則第○○条の規定に基づき、必要がある場合には、次により休日労働を行わせることができる。

休日労働をさせる 必要のある具体的事由	業務の種類	従事する労働者数 (満18歳以上の者)	労働させることができる法定休日の 日数並びに始業及び終業の時刻
需要の季節的な増大及び突発的な発注の変更に対処するため	自動車運転者 (バス)	20人	・法定休日のうち、2週を通じて1回 ・始業時刻　午前9:00 ・終業時刻　午後11:00
需要の季節的な増大及び突発的な発注の変更に対処するため	運行管理者	3人	・法定休日のうち、4週を通じて2回 ・始業時刻　午前9:00 ・終業時刻　午後11:00

2　自動車運転者(バス)については、前項の規定により休日労働を行わせることによって、改善基準告示に定める1箇月及び1年又は4週平均1週及び52週についての拘束時間並びに1日についての最大拘束時間の限度を超えることとなる場合においては、当該拘束時間の限度をもって、前項の休日労働の限度とする。

第4条　通常予見することのできない業務量の大幅な増加等に伴う臨時的な場合であって、次のいずれかに該当する場合は、第2条の規定に基づき時間外労働を行わせることができる時間を超えて労働させることができる。

	臨時的に限度時間を超えて労働させることができる場合	業務の種類	従事する労働者数(満18歳以上の者)	1日 延長することができる時間数	1箇月 限度時間を超えて労働させることができる回数	1箇月 延長することができる時間数及び休日労働の時間数	1年 延長することができる時間数
① 下記②に該当しない労働者	突発的な需要の増大及び発注の変更に対処するため	運行管理者	3人	7時間	4回	60時間	550時間
	予算、決算業務の集中	経理事務員	5人	6時間	3回	55時間	450時間
② 自動車の運転の業務に従事する労働者	突発的な需要の増大及び発注の変更に対処するため	自動車運転者(バス)	20人	6時間	8回	75時間	750時間

2　前項の規定に基づいて限度時間を超えて労働させる場合の割増率は35%とする。
　　なお、時間外労働が1箇月60時間を超えた場合の割増率は50%とする。

3　第1項の規定に基づいて限度時間を超えて労働させる場合における手続及び限度時間を超えて労働させる労働者に対する健康及び福祉を確保するための措置については、次のとおりとする。

限度時間を超えて労働させる場合における手続	労働者代表者に対する事前申し入れ
限度時間を超えて労働させる労働者に対する健康及び福祉を確保するための措置	・対象労働者への医師による面接指導の実施 ・年次有給休暇についてまとまった日数連続して取得することを含めた取得の促進 ・職場での時短対策会議の開催

4　自動車運転者(バス)については、第1項の規定により時間外労働を行わせることによって改善基準告示に定める1箇月及び1年又は4週平均1週及び52週についての拘束時間並びに1日についての最大拘束時間の限度を超えることとなる場合においては、当該拘束時間の限度をもって、第1項の時間外労働の時間の限度とする。

第5条　第2条から第4条までの規定に基づいて時間外労働又は休日労働を行わせる場合においても、自動車運転者(バス)以外の者については、各条により定める時間数等にかかわらず、時間外労働及び休日労働を合算した時間数は、1箇月について100時間未満でなければならず、かつ2箇月から6箇月までを平均して80時間を超過しないこととする。

第6条　第2条から第4条までの規定に基づいて時間外労働又は休日労働を行わせる場合においても、自動車運転者(バス)については、改善基準告示に定める運転時間の限度を超えて運転業務に従事させることはできない。

第7条　甲は、時間外労働を行わせる場合は、原則として、前日の終業時刻までに該当労働者に通知する。また、休日労働を行わせる場合は、原則として、2日前の終業時刻までに該当労働者に通知する。

第8条　第2条及び第4条の表における1年の起算日はいずれも○年4月1日とする。

2　本協定の有効期間は、○年4月1日から○年3月31日とする。

　　　　○年3月12日

　　　　　　　　　　　　　　　　　　○○バス株式会社
　　　　　　　　　　　　　　　　　　　　労働者代表　○○○○　印
　　　　　　　　　　又は　○○バス労働組合
　　　　　　　　　　　　　　　　　　　　執行委員長　○○○○　印
　　　　　　　　　　　　　　　　　　○○バス株式会社
　　　　　　　　　　　　　　　　　　　　代表取締役　○○○○　印

Q6

改善基準における拘束時間等の基準は、どのようになっているのでしょうか？

A 原則として、172 ページの図表のようになっています。

Q7

「4 週間を平均した 1 週間当たりの拘束時間は原則として 65 時間以内」とは、どのようなことでしょうか？

A 4 週間の拘束時間の合計が 260 時間以内でなければならないということです。

Q8

バスにおける時間外労働と休日労働の関係は、どのように考えればよいでしょうか？

A 4 週間での拘束時間の合計が規制されていますから、時間外労働を限度まで行えば休日労働をさせる枠はなくなり、休日労働を行わせれば、その分時間外労働を減らさなければならないこととなります。この点は、タクシーやトラックと同じです。

そのため、労使協定には、次の文が入っていなければなりません。

1　時間外労働

> 自動車運転者については、前項の規定により時間外労働を行わせることによって「自動車運転者の労働時間等の改善のための基準」（以下「改善基準告示」という。）に定める4週平均についての拘束時間および1日についての最大拘束時間の限度を超えることとなる場合においては、当該拘束時間の限度をもって、前項の時間外労働の限度とする。

2　休日労働

> 自動車運転者については、前項の規定により休日労働を行わせることによって「改善基準告示」に定める4週平均についての拘束時間および1日についての最大拘束時間の限度を超えることとなる場合においては、当該拘束時間の限度をもって、前項の時間外労働の限度とする。

　労働基準監督署の受付窓口においては、この2つが協定書の中に入っているかどうかをチェックします。これらが入っていないと、再度協定を締結し直すように促されます。

　それは、この2つの文により、時間外労働と休日労働を合わせて、月の大小にかかわらず、改善基準の拘束時間の枠（限度）を超えることがないということが示されているからです。

　この2つの文が入っていれば、1カ月における時間外労働の時間数が小の月を基準に長めの時間数となっていても、労働基準監督署としては受理してもよいわけです。

Q 9

休息期間の与え方は、どのようになりますか?

A 原則として、勤務終了後から次の勤務開始までの間に継続11時間以上の勤務を離れる時間を与えるよう努めることを基本とし、9時間を下回らないようにしなければなりません(改善基準第5条第1項第4号)。

9時間とは、1日の最大拘束時間である15時間を24時間から引いたものです。

また、運転者の住所地での休息期間が、それ以外の場所での休息期間より長くなるように努めなければなりません(改善基準第5条第2項)。これは、観光バスや団体旅行などで泊まりがけの乗務となることがずっと続くことがないようにとの意味です。

休息期間は、労働から離れるプライベートな時間ですが、運転者の住所地(一般的には自宅)での休息こそが疲れを癒すということから定められているものです。

Q 10

貸切バスの例外は、どのようなことでしょうか?

A 貸切バスを運行する営業所において運転の業務に従事する者、貸切バスに乗務する者および高速バスの運転者について、書面による労使協定(次問参照)を締結した場合には、次のようになります。

1 1カ月(1年の基準):1年3400時間以内、1カ月294時間(年6カ月まで)(対象は、貸切バス乗務者、乗合バス乗務者(一時的需要に応じて運行されるもの)、高速バス乗務者等)

2 4週平均1週(52週)の基準:52週3400時間以内

4週平均1週:68時間以内(52週のうち24週まで)

65時間超は連続16週まで

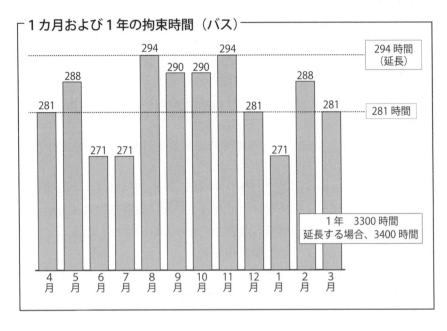

1カ月および1年の拘束時間（バス）

294 時間
（延長）

281 時間

1年　3300 時間
延長する場合、3400 時間

4月	5月	6月	7月	8月	9月	10月	11月	12月	1月	2月	3月
281	288	271	271	294	290	290	294	281	271	288	281

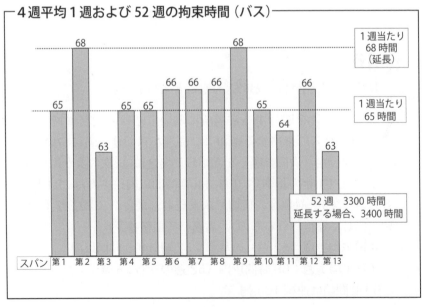

4週平均1週および52週の拘束時間（バス）

1週当たり
68 時間
（延長）

1週当たり
65 時間

52週　3300 時間
延長する場合、3400 時間

スパン	第1	第2	第3	第4	第5	第6	第7	第8	第9	第10	第11	第12	第13
	65	68	63	65	65	66	66	66	68	65	64	66	63

Q 11

貸切バスの例外の適用を受けるための労使協定は、どのように締結すればよいでしょうか？

A 労使協定で、次の4項目を締結します。

1 協定の適用対象者
2 4週間を平均した1週間当たりの拘束時間が65時間を超えることとなる「4週間」およびその「4週間」における1週間当たりの拘束時間
3 当該協定の有効期間
4 協定変更の手続等
　協定例は181ページ以下を参照してください。

Q 12

バス運転者の運転時間については、どのような規制があるのでしょうか？

A 2日平均で1日当たり9時間以内であり、4週平均で1週間当たり40時間、つまり4週合計160時間までとされています。
　2日平均での見方は、次の図のようになります。

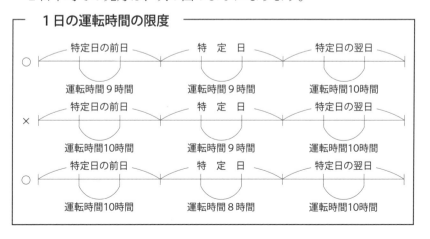

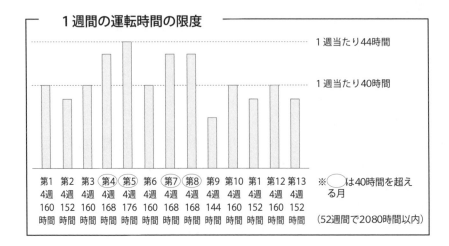

1週間の運転時間の限度

1週当たり44時間
1週当たり40時間

| | 第1
4週
160
時間 | 第2
4週
152
時間 | 第3
4週
160
時間 | 第4
4週
168
時間 | 第5
4週
176
時間 | 第6
4週
160
時間 | 第7
4週
168
時間 | 第8
4週
168
時間 | 第9
4週
144
時間 | 第10
4週
160
時間 | 第1
4週
152
時間 | 第12
4週
160
時間 | 第13
4週
152
時間 |

※ ◯ は40時間を超える月

（52週間で2080時間以内）

連続運転時間の限度

◯ | 4時間 | 30分 |

ただし、運転開始後4時間以内又は4時間経過直後に運転を中断する場合の休憩等については、少なくとも1回につき10分以上としたうえで分割することもできます（下図参照）。

連続運転時間の限度（分割）

◯	1時間20分	10分	1時間20分	10分	1時間20分	10分
◯	2時間40分		20分	1時間20分		10分
×	4時間10分					30分
×	1時間25分	5分	1時間25分	5分	1時間10分	20分

運転時間 □   休憩時間 ▨

A 　貸切バスを運行する営業所において運転の業務に従事する者お
　　よび高速バスの運転者については、労使協定があるときは、52
週についての運転時間が2080時間を超えない範囲内において、52週
間のうち16週間までは、4週間平均で1週間当たり44時間まで延長
できるとされています（改善基準第5条第1項第5号）。

　労使協定については、本章Q11を参照していただくとして、この例
外については、1年間を4週間ずつで区切って考えます。この区切られ
た4週間を通達では「スパン」と呼んでいます。

　年間52週を4週間ずつに区切ると、13のスパンになります。

　この13あるスパンのうち、4つに限りそれぞれ176時間までの運
転時間が認められます。そして、1年間合計で2080時間の運転時間に
収まるようにしなければなりません。

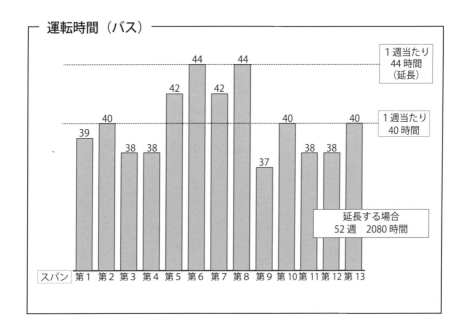

Q 14
休日の与え方は、どのようにすればよいのでしょうか？

A 休日は、休息期間＋24時間の連続した時間としなければなりません。そして、いかなる場合であっても、この時間が30時間を下回ってはいけません。

これは、次節Q16の休息期間の分割についてで説明していますが、分割された休息期間が6時間未満だと、連続した時間が30時間を下回ってしまいます。分割の場合であっても、勤務終了後は休息期間を6時間以上与える必要があり、それと24時間をプラスすることにより、休日として認められます。

通常では休息期間は8時間以上ありますから、32時間以上の休息期間が確保できるはずです。

また、次節のQ18の隔日勤務の場合、休息期間は20時間必要ですから、休日は、プラス24時間で44時間以上必要となります。

これらの時間数に達しないものは、休日として取り扱われません。その結果、労働基準法第35条違反となります。

なお、休日を2日続けて与える場合の2日目については、連続24時間あればよいものです。

第3節　労働時間、休日、休憩の特例

　本節では、バスにおける労働時間、休日と休憩に関する特例について説明します。これは、改善基準第5条第4項で定められており、通達（令4.12.23基発1223第3号）でその解釈が示されています。

Q 15

　バス運転者等について、拘束時間等に関する特例があるそうですが、どのような場合にどのような特例があるのでしょうか？

A　次のいずれかに該当する場合には、拘束時間および休息期間について、厚生労働省労働基準局長の定めるところによることができるとされています。

1　業務の必要上、勤務の終了後継続8時間以上の休息期間を与えることが困難な場合（局長の定めは、休息期間の分割）

2　バス運転者等が同時に1台の自動車に2人以上乗務する場合（ただし、リクライニング方式の専用座席が1席以上あれば、拘束時間は19時間まで延長し、休息期間は5時間まで短縮可）

3　バス運転者等が隔日勤務に就く場合（ただし、2暦日の拘束時間は21時間まで、休息期間は4時間まで短縮可）

4　バス運転者等がフェリーに乗船する場合（原則として休息期間）

Q 16

　「業務の必要上、勤務の終了後継続9時間以上の休息期間を与えることが困難な場合」とは、どのような場合で、特例はどのようなものでしょうか？

A　トラックの場合と同様に、休息期間の分割が認められる場合があります。

　業務の必要上、勤務の終了後継続9時間以上の休息期間を与えること

が困難な場合には、当分の間、一定期間（原則として2週間から4週間程度）における全勤務回数の2分の1を限度に、休息期間を拘束時間の途中および拘束時間の経過直後に分割して与えることができます。

　この場合において、分割された休息期間は、1日（始業時刻から起算して24時間をいう）において1回当たり継続4時間以上、合計11時間以上でなければなりません。

　休息期間の分割の例としては、次のようなものがあります。

1　4時間、7時間で与える。

2　5時間、6時間で与える。

3　4時間、4時間、4時間の3回で与える。

　「一定の期間」については、原則として2週間から4週間程度とし、業務の必要上やむを得ない場合であっても、2カ月程度を限度とすることとされています。

　なお、自動車運転者が勤務の中途においてフェリーに2時間を超えて乗船する場合には、この特例は適用されません。

Q 17

「バス運転者等が同時に1台の自動車に2人以上乗務する場合」とは、どのような場合で、特例はどのようなものでしょうか？

A　業界でいう「ツーマン運行」（2人乗務）の場合をいいます。
　　　国土交通省の定める「高速乗合バス及び貸切バスの交替運転者の配置基準」（176ページ参照）により、一定の場合にはワンマン運行は禁止されており、2人乗務を必要としています。

　その場合、改善基準では「車両内に身体を伸ばして休息することができる設備」（本章Q4参照）がある場合に限り特例が認められますので、単に2人乗務ならばよいわけではありません。

　これらの要件を満たせば、1日の最大拘束時間を20時間まで延長することができます。また、15時間を超える回数が1週2回までとの制限は適用されません。

　さらに、休息期間は4時間まで短縮することができます。

この結果、高速道路を利用した場合には、最大で片道1600キロメートル程度までの運行が可能となりましょう。

Q 18

「バス運転者等が隔日勤務に就く場合」とは、どのような場合で、特例はどのようなものでしょうか？

A 　隔日勤務とは、2暦日に及ぶ拘束時間の勤務を設定し、1日おきに勤務する形態をいいます。

業務の必要上やむを得ない場合には、自動車運転者を一定の条件で隔日勤務に就かせることができます。隔日勤務では、1勤務の拘束時間を長く設定できます。

その条件は、次の2つです。

1　2暦日における拘束時間が21時間を超えないこと。

ただし、事業場内仮眠施設または使用者が確保した同種の施設において、夜間に4時間以上の仮眠時間を与える場合には、2週間について3回を限度に、この2暦日における拘束時間を24時間まで延長することができます。ただし、この場合においても、2週間における総拘束時間は126時間（21時間×6勤務）を超えてはなりません。

「使用者が確保した同種の施設」とは、同業他社と提携して相互に仮眠施設を利用するようにしたり、各地のサービスエリア、道の駅、ホテル・旅館等における仮眠施設を利用できるようにした場合のそれぞれの施設をいいます。

2　勤務終了後、継続20時間以上の休息期間を与えること。

これは、日勤勤務と隔日勤務を混ぜた勤務割にしないようにということです。

日勤勤務と隔日勤務を混ぜた勤務割は、労働者の生理的機能への影響が大きいので認められていません。両方の勤務を併用する場合には、一定期間ごとに交替させるような勤務割を制度として設けることが必要でしょう。

この「一定期間」について、通達ではどの程度の期間とは述べていませんが、本章Q16を参考に、原則として2週間から4週間程度とし、業務の必要上やむを得ない場合であっても、2カ月程度を限度とするのが妥当と考えられます。

Q 19
　「バス運転者等がフェリーに乗船する場合」とは、どのような場合で、特例はどのようなものでしょうか？

A　我が国は島国ですから、バスも団体旅行などの行き先によっては、乗客を乗せたままフェリーに乗船する場合があります。フェリー運航中は、バスの運転業務から離れることができますから、一定の特例が認められています。

　この場合の特例として、自動車運転者が勤務の中途においてフェリーに乗船する場合における拘束時間および休息期間は、次のとおり取り扱うことができるとされています。

1　フェリー乗船時間

　　フェリー乗船時間については拘束時間として取り扱い、その他の時間については休息期間として取り扱うことができます。

2　フェリー乗船時間が2時間を超える場合には、上記1により休息期間とされた時間を、勤務終了後に与えるべき休息期間の時間から減らすことができます。ただし、その場合においても、減算後の休息期間は、2人乗務の場合を除き、フェリー下船時刻から勤務終了時刻までの間の時間の2分の1を下回ってはなりません。

　なお、フェリー乗船時間が9時間を超える場合には、原則としてフェリー下船時刻から次の勤務が開始されることになります。

第VI章

適用除外業務等について

概　説

　改善基準には、適用除外業務等が定められています。様々な緊急事態等が生じていた場合において、36協定届の限度時間のみで業務を制限することは、現実的ではありません。

　このため、一定の場合には、改善基準の限度時間等の基準を適用しないこととし、現実的な対応をすることとしています。通達（令4.12.23基発1223第3号）ではその趣旨を「運転者が、災害や事故等の通常予期し得ない事象に遭遇し、運行が遅延した場合において、その対応に要した時間についての拘束時間の例外的な取扱いを新たに定めたものであること」としています。

　また、労働基準法第33条において、災害等による臨時の必要がある場合の時間外労働等として、一定の要件を満たせば、時間外労働および休日労働に関する協定届（36協定届）の限度を超えて労働させることができる旨定めています。

　本章では、これらの改善基準の適用除外について、次の順番で説明します。

1　適用除外業務
2　厚生労働省労働基準局長が定める業務（予期し得ない事象）
3　予期し得ない事象への対応時間
4　非常災害時の理由による労働時間の延長等

Q 1

　改善基準告示第1条第1項に基づき適用除外される「厚生労働省労働基準局長が定める業務（適用除外業務）」とはどのようなものでしょうか？

A　適用除外業務およびその留意点は、次のとおりです（令4.12.23基発1223第3号）。

1　適用除外業務

適用除外業務は、次のアからウまでに掲げる業務とすること。

ア　災害対策基本法等に基づく緊急輸送の業務

　　災害対策基本法（昭和 36 年法律第 223 号）、大規模地震対策特別措置法（昭和 53 年法律第 73 号）、原子力災害対策特別措置法（平成 11 年法律第 156 号）および武力攻撃事態等における国民の保護のための措置に関する法律（平成 16 年法律第 112 号）に基づき、都道府県公安委員会から緊急通行車両であることの確認、標章および証明書の交付を受けて行う緊急輸送の業務に係る運転の業務。

　　これらの業務は、大規模災害等発生時の応急対策の一環として、人命救助や災害拡大防止等のために行われる業務であり、公益性が高く、かつ緊急の性格を有することから、改善基準告示の適用除外業務とするものであること。

イ　上記アに掲げるもののほか、人命または公益を保護するために、法令の規定または国もしくは地方公共団体の要請等に基づき行う運転の業務

　　次に掲げる業務がこれに該当すること。

（ア）新型インフルエンザ等対策特別措置法（平成 24 年法律第 31 号）第 54 条に基づき新型インフルエンザ等緊急事態措置の実施に必要な緊急物資を運送する業務または医薬品等を配送する業務

（イ）家畜伝染病予防法（昭和 26 年法律第 166 号）に基づく家畜伝染病のまん延の防止のために、次に掲げるものを運搬する業務

　（a）同法第 21 条第 1 項に規定する家畜の死体

　（b）同法第 23 条第 1 項に規定する家畜伝染病の病原体により汚染しまたは汚染したおそれがある物品

　（c）同法第 16 条第 1 項若しくは第 3 項に基づくと殺、第 17 条の 2 第 5 項もしくは第 6 項に基づく殺処分、第 21 条第 1 項もしくは第 4 項に基づく焼却もしくは埋却、第 23 条第 1 項もしくは第 3 項に基づく焼却、埋却若しくは消毒または第 25 条第 1 項もしくは第 3 項に基づく消毒を実施するために

必要な人員、防疫資材等（第 25 条第 1 項または第 3 項に基づく消毒に必要な人員、防疫資材等については、初回の消毒に必要なものに限る。）

ウ　消防法等に基づく危険物の運搬の業務

次に掲げる業務であって、貨物自動車運送事業に係るもの。

これらの業務については、危険物の迅速かつ安全な運行を確保する観点から、関係法令により別途、長距離運送の場合の交替運転手の確保といった規制が担保されていることに加え、運転中の危険物の監視義務など特別の規制が設けられる等、特殊な性格を有することから、改善基準告示の適用除外業務とするものであること。

(ｱ) 消防法（昭和 23 年法律第 186 号）第 16 条の 2 第 2 項および危険物の規制に関する政令（昭和 34 年政令第 306 号）第 30 条の 2 第 5 号に基づき、移送の経路その他必要な事項を記載した書面を関係消防機関に送付の上行う、アルキルアルミニウムもしくはアルキルリチウムまたはこれらのいずれかを含有するものを移動タンク貯蔵所（タンクローリー）により移送する業務

(ｲ) 高圧ガス保安法（昭和 26 年法律第 204 号）第 23 条に基づき、一般高圧ガス保安規則（昭和 41 年通商産業省令第 53 号）第 49 条第 1 項の保安上必要な措置を講じるとともに同項の技術上の基準に従い行う、表 1 の高圧ガスを車両に固定した容器（タンクローリー）により移動する業務

表 1　一般高圧ガス保安規則第 49 条第 1 項第 17 号に規定する高圧ガス

1　圧縮ガスのうち次に掲げるもの（3 に掲げるものを除く。）	(1) 容積 300 立方メートル以上の可燃性ガスおよび酸素 (2) 容積 100 立方メートル以上の毒性ガス
	(1) 質量 3000 キログラム以上の可燃性ガスおよび酸素 (2) 質量 1000 キログラム以上の毒性ガス

| 2　液化ガスのうち次に掲げるもの（3に掲げるものを除く。） | （3）一般高圧ガス保安規則第7条の3第2項、第7条の4第2項、第11条第1項第5号（第7条の3第2項の基準を準用する場合に限る。）及び第12条の2第2項の圧縮水素スタンド並びにコンビナート等保安規則第7条の3第2項の圧縮水素スタンドの液化水素の貯槽に充填する液化水素 |
| 3　特殊高圧ガス | |

(ウ)　火薬類取締法（昭和25年法律第149号）第19条に基づき、都道府県公安委員会に届け出て、運搬証明書の交付を受けた上で行う火薬類（表2の数量以下の火薬類を除く。）の運搬の業務

表2　火薬類の運搬に関する内閣府令（昭和35年総理府令第65号）別表第1に規定する数量

区分			数量
火薬			薬量200キログラム
爆薬			薬量100キログラム
火工品	工業雷管・電気雷管・信号雷管		4万個
	導火管付き雷管		1万個
	銃用雷管		40万個
	捕鯨用信管・捕鯨用火管		12万個
	実包 空包	1個当たりの装薬量0.5グラム以下のもの	40万個
		1個当たりの装薬量0.5グラムを超えるもの	20万個
	導爆線		6キロメートル
	制御発破用コード		1.2キロメートル
	爆発せん孔器		2000個
	コンクリート破砕器		2万個
	煙火	がん具煙火（クラッカーボールを除く。）	薬量2トン
		クラッカーボール・引き玉	薬量200キログラム
		上記以外の煙火	薬量600キログラム
	上記以外の火工品		薬量100キログラム

> 備考
> 本表で定める区分の異なる火薬類を同時に運搬する場合の数量は、各区分ごとの火薬類の運搬しようとする数量をそれぞれ当該区分に定める数量で除し、それらの商を加えた和が1となる数量とする。

（注）表2に掲げる数量以下の火薬類を運搬する場合は、火薬類取締法第19条第1項に規定する届出及び運搬証明書の交付は要しない。

    （エ）核原料物質、核燃料物質及び原子炉の規制に関する法律（昭和32年法律第166号）第59条第2項に基づき国土交通大臣の確認を受け、かつ、同条第5項に基づき都道府県公安委員会に届け出て運搬証明書の交付を受けた上で行う、核燃料物質等（BM型輸送物、BU型輸送物、核分裂性輸送物）の運搬の業務

    （オ）放射性同位元素等の規制に関する法律（昭和32年法律第167号）第18条第2項に基づき国土交通大臣の確認を受け、かつ、同条第5項に基づき都道府県公安委員会に届け出て行う、放射性同位元素等（BM型輸送物、BU型輸送物）の運搬の業務

2　適用除外業務に従事しない期間がある場合の拘束時間等の上限

    適用除外業務に従事する期間を含む1カ月等の一定期間における、当該業務に従事しない期間に関しては、改善基準告示が適用されるものであること。この場合の一定期間における、適用除外業務に従事しない期間の拘束時間等は、次のとおり、当該一定期間及び適用除外業務に従事しない期間の日数の比率により、改善基準告示で規定する拘束時間等の上限時間を按分した時間を超えないものとすること。

表3　適用除外業務に従事しない期間がある場合の拘束時間等の上限

1カ月の	日勤勤務者	［（適用除外業務に従事した期間を含む1カ月の日数）−（適用除外業務に従事した日数）］÷（適用除外業務に従事した期間を含む1カ月の日数）× 288 時間[※]

拘束時間	隔日勤務者	［（適用除外業務に従事した期間を含む1カ月の日数）－（適用除外業務に従事した日数）］÷（適用除外業務に従事した期間を含む1カ月の日数）× 262 時間^{（※）}

※改善基準告示の拘束時間の上限時間。なお、労使協定により、改善基準告示で規定する時間を超えない範囲で延長する場合は、当該延長した時間とする。

トラック運転者の拘束時間等	
1カ月の拘束時間	［（適用除外業務に従事した期間を含む1カ月の日数）－（適用除外業務に従事した日数）］÷（適用除外業務に従事した期間を含む1カ月の日数）× 284 時間^{（※1）}
1年の拘束時間	［（適用除外業務に従事した期間を含む1年間の日数）－（適用除外業務に従事した日数）］÷（適用除外業務に従事した期間を含む1年間の日数）× 3,300 時間^{（※1）}
2週間の運転時間	［14 日－（適用除外業務に従事した日数）］÷ 14 日× 88 時間^{（※2）}

※1　改善基準告示の拘束時間の上限時間。なお、労使協定により、改善基準告示で規定する時間を超えない範囲で延長する場合は、当該延長した時間とする。
※2　改善基準告示の運転時間の上限時間。

バス運転者の拘束時間等	
1カ月の拘束時間	［（適用除外業務に従事した期間を含む1カ月の日数）－（適用除外業務に従事した日数）］÷（適用除外業務に従事した期間を含む1カ月の日数）× 281 時間^{（※1）}
1年の拘束時間	［（適用除外業務に従事した期間を含む1年間の日数）－（適用除外業務に従事した日数）］÷（適用除外業務に従事した期間を含む1年間の日数）× 3,300 時間^{（※1）}
4週間の拘束時間	［28 日－（適用除外業務に従事した日数）］÷ 28 日× 260 時間^{（※1）}
52週間の拘束時間	［（適用除外業務に従事した期間を含む52週間の日数）－（適用除外業務に従事した日数）］÷（適用除外業務に従事した期間を含む52週間の日数）× 3300 時間^{（※1）}
4週間の運転時間	［28 日－（適用除外業務に従事した日数）］÷ 28 日× 160 時間^{（※2）}

※1　改善基準告示の拘束時間の上限時間。なお、労使協定により、改善基準告示で規定する時間を超えない範囲で延長する場合は当該延長した時間とする。

※2　改善基準告示の運転時間の上限時間。なお、労使協定により、改善基準告示で規定する時間を超えない範囲で延長する場合は当該延長した時間とする。

3　適用除外業務に関する書類の備付け等

上記1の業務を行うに当たっては、適用除外業務に該当することが明らかとなる関係法令に基づく各種行政機関への届出書や、物資等の運搬に関する地方公共団体の要請文書等の写の事業場への備付けおよび自動車運転者ごとの当該業務に従事した期間が明らかとなる記録の整備が必要であること。

4　休息期間の確保

適用除外業務に従事する期間の直前において改善基準告示に定める休息期間を与えなくてはならないことはもとより、当該業務に従事する期間の直後の休息期間についても、継続11時間以上与えるよう努めることを基本とすることが特に要請されるものであること。

Q2
「通常予期し得ない事象」とは、どのようなものでしょうか？

A　**1　厚生労働省労働基準局長が定める業務**

改善基準において「通常予期し得ない事象として厚生労働省労働基準局長が定めるものにより生じた運行の遅延に対応するための時間」については、1日、1カ月の拘束時間から除外することができます（改善基準第2条第3項、第4条第3項、第5条第3項）。

「通常予期し得ない事象」とは、同局長名通達（令4.12.23基発1223第3号）によりタクシー、トラック、バスに共通して次のとおり定められています。

「予期し得ない事象への対応時間」とは、次の（ア）（イ）の両方の要件を満たす時間をいいます。

（ア）通常予期し得ない事象として局長が定めるものにより生じた運行の遅延に対応するための時間であること。（第1号）

「局長が定める」事象とは、次のいずれかの事象をいうこと。

a　運転中に乗務している車両が予期せず故障したこと。

b　運転中に予期せず乗船予定のフェリーが欠航したこと。

c　運転中に災害や事故の発生に伴い、道路が封鎖されたことまたは道路が渋滞したこと。

d　異常気象（警報発表時）に遭遇し、運転中に正常な運行が困難となったこと。

当該事象は、「通常予期し得ない」ものである必要があり、例えば、平常時の交通状況等から事前に発生を予測することが可能な道路渋滞等は、これに該当しません。

（イ）客観的な記録により確認できる時間であること（第2号）。

次のaの記録に加え、bの記録により、当該事象が発生した日時等を客観的に確認できる必要があり、aの記録のみでは「客観的な記録により確認できる時間」とは認められません。

a　運転日報上の記録

・対応を行った場所

・予期し得ない事象に係る具体的事由

・当該事象への対応を開始し、および終了した時刻や所要時間数

b　予期し得ない事象の発生を特定できる客観的な資料

遭遇した事象に応じ、例えば次のような資料が考えられること。

（a）修理会社等が発行する故障車両の修理明細書等

（b）フェリー運航会社等のホームページに掲載されたフェリー欠航情報の写し

（c）公益財団法人日本道路交通情報センター等のホームページに掲載された道路交通情報の写し（渋滞の日時・原因を特定できるもの）

（d）気象庁のホームページ等に掲載された異常気象等に関する気象情報等の写し

2 「予期し得ない事象への対応時間」の取扱い

（1）タクシー

1日の拘束時間および2暦日の拘束時間の規定の適用に当たっては、予期し得ない事象への対応時間を、これらの拘束時間から除くことができること。この場合において、予期し得ない事象への対応時間により、1日の拘束時間が最大拘束時間を超えた場合、勤務終了後、1日の勤務の場合には「継続11時間以上」、2暦日の勤務の場合には「継続24時間以上」の休息期間を与えなければなりません。

当該例外的な取扱いは、タクシー運転者については、1日または2暦日の拘束時間の規定の適用に限ったものであり、1箇月の拘束時間等の改善基準告示の他の規定の適用に当たっては、予期し得ない事象への対応時間を除くことはできません。また、予期し得ない事象への対応時間は、休憩に該当しない限り、労働時間として取り扱う必要があることは当然です。

（2）トラック

1日の拘束時間、運転時間（2日平均）および連続運転時間の規定の適用に当たっては、予期し得ない事象への対応時間を、これらの時間から除くことができること。この場合、勤務終了後、通常どおりの休息期間（継続11時間以上与えるよう努めることを基本とし、継続9時間を下回らない）を与えること。

当該例外的な取扱いは、トラック運転者については、1日の拘束時間、運転時間（2日平均）および連続運転時間の規定の適用に限ったものであり、1カ月の拘束時間等の改善基準告示の他の規定の適用に当たっては、予期し得ない事象への対応時間を除くことはできません。

また、予期し得ない事象への対応時間は、休憩に該当しない限り、労働時間として取り扱う必要があることは当然です。

（3）バス

1日の拘束時間、運転時間（2日平均）および連続運転時間の規定の適用に当たっては、予期し得ない事象への対応時間を、これらの時間から除くことができること。この場合、勤務終了後、通常どおりの休息期間（継続11時間以上与えるよう努めることを基本とし、継続

9時間を下回らない）を与えること。

　当該例外的な取扱いは、バス運転者については、1日の拘束時間、運転時間（2日平均）および連続運転時間の規定の適用に限ったものであり、1カ月の拘束時間等の改善基準告示の他の規定の適用に当たっては、予期し得ない事象への対応時間を除くことはできません。

　また、予期し得ない事象への対応時間は、休憩に該当しない限り、労働時間として取り扱う必要があることは当然です。

3　「非常災害時等の理由による労働時間延長・休日労働許可申請・届」

　このような予期し得ない事象への対応をした結果、改善基準の定める限度時間を超えた場合には改善基準の定める拘束時間等に含めなくてもよいとすることで、結果として限度を超えてもよいとしています。

　しかしながら、労働基準法では、「時間外労働及び休日労働に関する協定届（36協定届）」の限度を超える労働については、同法第33条の規定による事前の許可申請または事後の届出（非常災害等の理由による労働時間延長・休日労働許可申請書・届）を必要としています。一般的には事後の届によることとなるでしょう。詳しくは、次のQ3を参照してください。

4　労災保険における過労死等の認定基準との関係

　不幸にして過労死等や過労自殺等の事案が生じ、労災保険請求が行われた場合、労働基準監督署では、「血管病変等を著しく増悪させる業務による脳血管疾患及び虚血性心疾患等の認定基準について」（令3.9.14基発0914第1号）と「心理的負荷による精神障害の認定基準の改正について」（令2.5.29基発0529第1号）に基づいて業務上災害に該当するかどうかを判断します。

　その際、被災された方の、前述の2に該当する労働時間もすべて含めて業務の過重性を判断し、突発的に発生した予期し得ない事象への対応という心理的負荷等についても併せて総合的に判断されますので、労災認定される可能性が高まると考えて差し支えないでしょう。

Q3

労働基準法第33条において、「災害等による臨時の必要がある場合の時間外労働等」についての許可申請があるそうですが、どのようなものでしょうか？

A 　非常災害時等の理由による労働時間の延長等

　「非常災害等の理由による労働時間延長等」に関する許可申請・届です。

　同条第1項では、「災害その他避けることのできない事由によつて、臨時の必要がある場合においては、使用者は、行政官庁の許可を受けて、その必要の限度において第32条から前条まで若しくは第40条の労働時間を延長し、又は第35条の休日に労働させることができる。ただし、事態急迫のために行政官庁の許可を受ける暇がない場合においては、事後に遅滞なく届け出なければならない」と定めています。その取扱いは、次のとおりです（令元.6.7 基発0607第1号）。

1　許可等の基準

　（法第33条の）第1項は、災害、緊急、不可抗力その他客観的に避けることのできない場合の規定であるからその臨時の必要の限度において厳格に運用すべきものであって、その許可または事後の承認は、概ね次の基準によって取り扱うこと。

（1）単なる業務の繁忙その他これに準ずる経営上の必要は認めないこと。

（2）地震、津波、風水害、雪害、爆発、火災等の災害への対応（差し迫った恐れがある場合における事前の対応を含む。）、急病への対応その他の人命または公益を保護するための必要は認めること。例えば、災害その他避けることのできない事由により被害を受けた電気、ガス、水道等のライフラインや安全な道路交通の早期復旧のための対応、大規模なリコール対応は含まれること。

（3）事業の運営を不可能ならしめるような突発的な機械・設備の故障の修理、保安やシステム障害の復旧は認めるが、通常予見される部分的な修理、定期的な保安は認めないこと。例えば、サーバーへの攻撃

によるシステムダウンへの対応は含まれること。

（4）上記（2）および（3）の基準については、他の事業場からの協力
　　要請に応じる場合においても、人命または公益の確保のために協力要
　　請に応じる場合や協力要請に応じないことで事業運営が不可能となる
　　場合には、認めること。

　　この通達の冒頭では、今回の改正について「現代的な事象等を踏まえ
て解釈の明確化を図るものであること。また、旧許可基準及び関連通達
で示している基本的な考え方に変更はないこと」としています。

2　細部事項

　　この4項目について、「災害等による臨時の必要がある場合の時間外
労働等に係る許可基準の解釈に当たっての留意点について」（令元 .6.7
基監発 0607 第 1 号）では、次のように示しています。

（1）新許可基準による許可の対象には、災害その他避けることのでき
　　ない事由に直接対応する場合に加えて、当該事由に対応するに当たり、
　　必要不可欠に付随する業務を行う場合が含まれること。具体的には、
　　例えば、事業場の総務部門において、当該事由に対応する労働者の利
　　用に供するための食事や寝具の準備をする場合や、当該事由の対応の
　　ために必要な事業場の体制の構築に対応する場合等が含まれること。

（2）新許可基準（2）の「雪害」については、道路交通の確保等人命ま
　　たは公益を保護するために除雪作業を行う臨時の必要がある場合が該
　　当すること。具体的には、例えば、安全で円滑な道路交通の確保がで
　　きないことにより通常の社会生活の停滞を招くおそれがあり、国や地
　　方公共団体等からの要請やあらかじめ定められた条件を満たした場合
　　に除雪を行うこととした契約等に基づき除雪作業を行う場合や、人命
　　への危険がある場合に住宅等の除雪を行う場合のほか、降雪により交
　　通等の社会生活への重大な影響が予測される状況において、予防的に
　　対応する場合も含まれるものであること。

（3）新許可基準（2）の「ライフライン」には、電話回線やインターネッ
　　ト回線等の通信手段が含まれること。

（4）新許可基準に定めた事項はあくまでも例示であり、限定列挙では

なく、これら以外の事案についても「災害その他避けることのできない事由によつて、臨時の必要がある場合」となることもあり得ること。例えば、新許可基準（4）においては、「他の事業場からの協力要請に応じる場合」について規定しているところであるが、これは、国や地方公共団体からの要請が含まれないことを意味するものではない。そのため、例えば、災害発生時において、国の依頼を受けて避難所避難者へ物資を緊急輸送する業務は対象となるものであること。

3　申請手続

　申請手続については、労働基準法施行規則第13条の規定に基づき、事前の許可申請の場合は、所轄労働基準監督署長に対して労働基準法施行規則様式第6号を提出することにより行います。

　申請の時間的余裕がないため事後の届出をする場合には、同様式を用いて、所轄労働基準監督署長に届出をします。おおむね1週間以内に行うべきでしょう。前問の「予期し得ない事象への対応」であれば、事前に許可申請するのは不可能でしょうから、一般的には事後の届によることとなるでしょう。

　これらの結果、所轄労働基準監督署長が許可をせず、あるいは届出内容を認めることができない場合には、同規則様式第7号により代休付与命令が出されます。その場合には、当該延長した労働時間または休日労働に相当する代休を取らせることになります。

第Ⅶ章

交通労働災害防止のための
ガイドライン

概　説

　交通労働災害は、全産業に占める死亡災害のうち2割以上を占め、労働災害防止上の重要な課題となっています。

　そのため厚生労働省では、道路運送車両法、貨物自動車運送事業法、道路運送法等の関係法令に基づく措置の一部を総合的に示した指針として、平成6年に「交通労働災害防止のためのガイドライン」（以下本章で「ガイドライン」といいます）を策定し、平成20年に全面改正（平20.4.3基発第0403001号）した後、平成24年4月に発生したツアーバスによる重大事故を受けて再度改正しました。

　このガイドラインは、労働安全衛生関係法令や「改善基準」とともに、交通労働災害防止を図るための指針となるものです。本章では、このガイドラインについて説明します。

　ガイドラインでは、「事業者は、…すること」などと定めていますが、この事業者とは、労働安全衛生法第2条に規定する事業者のことで、「事業を行う者で労働者を使用するもの」をいいます。法人の場合は法人そのものをいいます。

　なお、平成26年6月、国土交通省は事業用自動車事故調査委員会を設置しました。そして、同年9月に神奈川県平塚市で発生した観光バスが道路補修用自動車に追突した事故が、同委員会が調査する最初の適用例とされました。第Ⅰ章で述べた3行政連携の一環として今後さらに事故発生時の調査とその結果に基づく行政指導等が強化されると考えられます。

Q1
　「ガイドライン」の目的は、どのようなことでしょうか？

A　「改善基準」とともに、交通労働災害の防止を目的とするものです。

　具体的には、次の事項を積極的に推進することとされています。

1　交通労働災害防止のための管理体制の確立
2　適正な労働時間等の管理、走行管理

3　教育の実施

4　健康管理

5　交通労働災害防止に対する意識の高揚

6　荷主、元請による配慮

Q2

「ガイドライン」が対象としている交通労働災害とは、どのような
ものでしょうか？

A 　「ガイドライン」が対象としている交通労働災害は、道路上と事
　　業場構内での自動車と原動機付自転車（以下本章で「自動車等」
といいます）の交通事故による労働災害です。

Q3

「ガイドライン」では、事業者と運転者の責務はどのように定めて
いるのでしょうか？

A 　それぞれ次のように定めています。

1　事業者の責務

　労働者に自動車等の運転を行わせる事業者は、このガイドラインを指
針として、事業場での交通労働災害を防止すること。

2　運転者の責務

　自動車等の運転を行う労働者は、交通労働災害を防止するため、事業
者の指示など、必要な事項を守り、事業者に協力して交通労働災害の防
止に努めること。

Q 4

交通労働災害防止のための管理体制等は、どのようにしたらよい
でしょうか？

A 次の３点に取り組むこととされています。

1 交通労働災害防止のための管理体制の確立

　事業者は、安全管理者、運行管理者、安全運転管理者などの交通労働
災害防止に関係する管理者を選任し、その役割、責任と権限を定め、各
管理者に対して必要な教育を実施すること。

2 方針の表明、目標の設定、計画の作成・実施・評価・改善

　事業者は、安全衛生方針を表明し、目標を設定し、その達成のために、
労働時間の管理、教育を含む安全衛生計画を作成し、これを実施し、評
価・改善を進めること。

3 安全委員会における調査審議

　安全委員会（または安全衛生委員会）などにおいて、交通労働災害の
防止について調査・審議すること。

Q 5

適正な労働時間等の管理や走行管理は、具体的にはどのようなこ
とを実施しなければならないのでしょうか？

A 次の４つの事項を実施することとなります。

1　適正な労働時間の管理、走行管理

　ア　疲労による交通労働災害を防止するため、改善基準告示を守り、
　　適正な走行計画によって、運転者の十分な睡眠時間に配慮した労
　　働時間の管理をすること。

　イ　十分な睡眠時間を確保するために必要な場合は、より短い拘束
　　時間の設定、宿泊施設の確保などを行うこと。

ウ　高速乗合バス、貸切バス事業者については、運転者の過労運転を防止するため、国土交通省が定めた交替運転者の配置基準（176ページ参照）を守ること。

2　適正な走行計画の作成

次の事項を記載した走行計画を作成し、運転者に適切な指示をすること。

ア　走行の開始・終了の地点、日時

イ　運転者の拘束時間、運転時間と休憩時間

ウ　走行時に注意を要する箇所の位置

エ　荷役作業の内容と所要時間（荷役作業がある場合のみ）

オ　走行経路、経過地の出発・到着の日時の目安

さらに、運行記録計（タコグラフ）を活用して乗務状況を把握し、計画どおり走行できなかった場合は、その原因を把握し、次回の走行計画の見直しを行い、運転者の疲労回復に配慮すること。

3　点呼の実施とその結果への対応

ア　疾病、疲労、飲酒などで安全な運転ができないおそれがないか、乗務を開始させる前に点呼によって、報告を求め、その結果を記録すること。

イ　睡眠不足や体調不良などで正常な運転ができないと認められる場合は、運転業務に就かせないなど、必要な対策をとること。

4　荷役作業を行わせる場合の対応

ア　事前に荷役作業の有無、運搬物の重量などを確認し、運転者の疲労に配慮した十分な休憩時間を確保すること。

イ　荷役作業による運転者の身体負荷を減少させるため、適切な荷役用具・設備を備え付けること。

なお、フォークリフト等の車両系荷役運搬機械や、クレーン等の操作については、それぞれ必要な資格（玉掛け技能講習修了を含む。）を有する者にだけ行わせること。

ウ　荷を積載するときは、最大積載量を超えないこと、偏荷重が生じないようにすること。

Q 6

運転者に対する教育は、どのようなことについて、どのように実施したらよいのでしょうか？

A 次の２つの事項に留意して実施してください。

1 教育の実施

ア 雇入れ時の教育

交通法規、改善基準告示などの遵守、睡眠時間の確保、飲酒による運転への影響、睡眠時無呼吸症候群の適切な治療、体調の維持の必要性について、教育を実施します。必要に応じて、ベテラン自動車運転者が添乗し、実地に指導します。

イ 日常の教育

改善基準告示の遵守、十分な睡眠時間の確保、交通事故発生情報、デジタル・タコグラフ、ドライブ・レコーダーの記録などから判明した安全走行に必要な情報に関する事項、交通安全情報マップ、関係法令の改正事項などについて教育を行います。

ウ 交通危険予知訓練

イラストシートや写真などを使って、危険性を予知し、防止対策を立てることにより、安全を確保する能力を身につけさせる交通危険予知訓練を実施します。

2 運転者認定制度など

ア 教育指導の受講者、所定の試験の合格者に対して、運転業務を認める認定制度を導入します。

イ マイクロバス・ワゴン車などで労働者を送迎する場合には、十分な技能を有する運転者を選任します。

Q7

交通労働災害防止に対する意識を高揚させるには、どのようなことに取り組めばよいのでしょうか？

A 次の2つの事項を実施してください。

1 交通労働災害防止に対する意識の高揚

ポスターの掲示、表彰制度、交通労働災害防止大会の開催などにより、運転者の交通労働災害防止に対する意識の高揚を図ります。

これは、春と秋の全国交通安全週間はもとより、全国安全週間（6月が準備期間、7月1日〜7日までが本週間）、全国労働衛生週間（9月が準備期間、10月1日〜7日までが本週間）や年末年始無災害運動期間（12月1日〜1月15日）などと合わせて繰り返し実施する必要があります。

また、職場単位や事業場単位で安全競争をするとか、標語の募集をするといった取組みも有効です。

2 交通安全情報マップの作成

交通事故発生情報、デジタル・タコグラフやドライブ・レコーダーの記録、交通事故の危険を感じた事例（ヒヤリ・ハット事例）に基づき、運行経路上の危険な箇所、注意事項を示した交通安全情報マップを作成し、運転者に配布したり、掲示したりします。

時間帯により規制が変わる進入禁止（一方通行）、右・左折禁止、スクールゾーンなどを示すのもその例です。

Q8

荷主・元請事業者による配慮とは、どのようなことでしょうか？

A 　運送業は、荷主や運送業の元請事業者の配慮がないと、無理な運行をしがちになります。荷主や元請事業者は、交通労働災害防止を考慮した適切で安全な運行のため、事業者と協働して次の事項に取り組む必要があります。

　ア　荷主・元請事業者の事情による、直前の貨物の増量による過積載運行を防止すること。

　イ　到着時刻の遅延が見込まれる場合、改善基準告示を守った安全運行が確保されるよう、到着時間の再設定、ルート変更を行うこと。

　ウ　荷主・元請事業者は、改善基準告示に違反し、安全な走行ができない可能性が高い発注をしないよう努めること。

　エ　荷主・元請事業者は、荷積み・荷卸し作業の遅延で予定時間に出発できない場合、到着時間の再設定をし、荷主の敷地内で待機できるようにすること。

Q9

健康管理面では、どのようなことを実施すべきでしょうか？

A 　次の4項目が示されています。詳細については、第Ⅰ章を参照してください。

1　健康診断

　運転者について健康診断を確実に実施し、保健指導をすること。

　所見が認められた運転者には、「健康診断結果に基づき事業者が講ずべき措置に関する指針」に基づき、適切な対応をすること。

2　面接指導等

　長時間にわたる時間外・休日労働を行った運転者については、医師による面接指導を受けさせるとともに、労働時間の短縮などの適切な対応をすること。

3　心身両面にわたる健康の保持増進

　事業場での運転者の健康の保持、増進に努めること。

4　運転時の疲労回復

　運転者に対して、停車時にストレッチを行うなどにより運転時の疲労
回復に努めるよう指導すること。

Q 10
そのほか、どのようなことに留意すべきでしょうか？

A　次の３点に留意してください。

1　異常気象などへの対応

　異常気象や天災が発生した場合は、安全を確保するため、走行の中止
や一時待機など、運転者に必要な指示をすること。

2　自動車の点検

　事業者は、走行前に必要な点検をし（させて）、異常があった場合は、
直ちに補修など必要な措置をとること。

3　自動車に装備する安全装置等

　自動車に必要な安全装置を整備すること。

村木　宏吉（むらき　ひろよし）

著者略歴

　1977年（昭和52年）、労働省（当時）に労働基準監督官として採用され、北海道、東京、神奈川の各労働局における局・労働基準監督署で勤務した後、2009年（平成21年）に退官し、町田安全衛生リサーチを設立。労働衛生コンサルタント。元労働基準監督署長。労働基準法、労働安全衛生法及び労災保険法等の著書多数。過去に民間会社での勤務経験あり。

元監督署長が解説
これならわかる自動車運転者の改善基準 Q&A　改訂第2版

2014年12月 5日　初版
2023年 7月26日　改訂第2版
2024年 1月12日　改訂第2版2刷

著　　者　村木 宏吉
発 行 所　株式会社労働新聞社
　　　　　〒173-0022　東京都板橋区仲町 29-9
　　　　　TEL：03-5926-6888（出版）　03-3956-3151（代表）
　　　　　FAX：03-5926-3180（出版）　03-3956-1611（代表）
　　　　　https://www.rodo.co.jp　　pub@rodo.co.jp
表　　紙　尾﨑 篤史
印　　刷　モリモト印刷株式会社

ISBN 978-4-89761-939-2